서울대 한국어+ Workbook

서울대학교 언어교육원 지음
장소원 | 김정현 | 김민희 | 박미래

3A

서울대학교출판문화원

머리말
Preface

《서울대 한국어+ Workbook 3A》는 《서울대 한국어+ Student's Book 3A》의 부교재로, 주교재로 이루어지는 학습을 보완하기 위해 개발되었습니다. 어휘, 문법과 표현을 다양한 상황 속에서 연습해 보고 복습 단원을 통해 종합적으로 정리해 볼 수 있도록 하였습니다.

어휘는 실생활에서 활용할 수 있도록 담화 상황을 고려하여 문제를 구성하였고, 문법과 표현을 묻는 문제는 정확성과 유창성 향상에 초점을 맞췄습니다. 다양한 맥락에서 어휘, 문법과 표현의 정확한 의미를 익히고 학습자 스스로 유의미한 담화를 구성할 수 있도록 집필하였습니다.

또한 세 단원마다 복습 단원을 배치함으로써 학습 내용을 점검하고 정리할 수 있도록 하였습니다. 복습 단원은 말하기, 듣기, 읽기, 쓰기, 발음으로 구성하였습니다. 말하기 활동은 이미 학습한 어휘, 문법과 표현을 확인하고 이를 활용해 유창성을 기를 수 있도록 하였습니다. 듣기와 읽기는 주교재의 주제와 기능을 확장한 문제를 통해 학습자 스스로 이해 능력을 점검할 수 있도록 하였습니다. 쓰기는 정확성을 기를 수 있는 간단한 문장, 담화 완성 활동과 주어진 주제로 짧은 글을 완성할 수 있는 활동으로 구성하였습니다. 마지막으로 발음은 주교재에서 학습한 내용을 정리하고 연습할 수 있도록 하였습니다.

이 책이 나오기까지 정말 많은 분들의 수고가 있었습니다. 서울대학교 국어국문학과 장소원 교수님은 《서울대 한국어+》1~6급 교재의 기획, 교재 개발을 위한 사전 연구와 집필, 출판에 이르는 전체적인 과정을 총괄해 주셨고, 3급 교재의 집필을 총괄한 김정현 선생님을 비롯해서 김민희, 박미래 선생님은 오랜 기간 원고 집필뿐 아니라 편집, 출판 작업을 꼼꼼하게 진행해 주셨습니다. 또한 3급 워크북의 감수를 맡아 주신 안경화 교수님, 워크북 내용을 검토해 주신 송계령, 최지훈 선생님의 도움이 없었다면 지금과 같은 책의 완성도를 기대하기 어려웠음을 잘 알고 있습니다. 깊이 감사드립니다. 그리고 영어 번역을 맡아 주신 이소명 번역가와 번역 감수를 맡아 주신 UCLA 손성옥 교수님, 그리고 멋진 삽화 작업으로 빛나는 책을 만들어 주신 ㈜예성크리에이티브 분들께도 감사드립니다. 또 녹음을 담당해 주신 성우 이상운, 조경아 선생님과 2022년 여름학기에 새 교재의 시범 단원으로 수업을 하신 후 소중한 의견을 주신 3급 정규반의 김정교, 성석제, 신희랑, 이명희, 이창용 선생님께도 진심으로 감사의 말씀을 드립니다. 마지막으로 학술 도서와 전혀 성격이 다른 한국어 교재의 출판을 결정하고 물심양면으로 지원해 주신 서울대학교출판문화원 이경묵 원장님과, 밤낮을 가리지 않고 고생을 감수하신 실무진 여러분들께도 깊이 감사드립니다.

2023년 4월
서울대학교 언어교육원 원장
장윤희

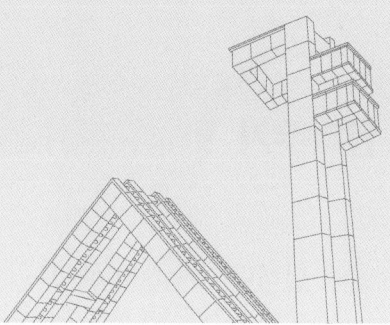

SNU Korean⁺ Workbook 3A is a supplementary material to complement *SNU Korean⁺ Student's Book 3A*. Learners can practice vocabulary, grammar, and expression in a variety of situations and comprehensively learn through the review units.

Vocabulary questions are designed to be used in real-life settings, while grammar and expression questions are focused on improving accuracy and fluency. The workbook is intended so that learners may independently acquire the meaning of vocabulary, grammar, and expression in a variety of situations and compose meaningful dialogue.

Furthermore, review units are set up for each of the three units, allowing the learning information to be checked and organized. The review unit includes speaking, listening, reading, writing, and pronunciation. Speaking is intended to check previously learned vocabulary, grammar, and expression as well as increase fluency. For listening and reading, learners can check their comprehension skills through questions that expand the topics and functions of the Student's Book. Writing consists of increasing accuracy by completing simple sentences and discourses to develop accuracy on a given topic. Lastly, pronunciation is designed to organize and practice the contents learned in the Student's Book.

A lot of dedication went into the publication of this book. I would like to express my sincere gratitude to everyone who contributed to this project. Thank you to Seoul National University Professor Chang Sowon at the Department of Korean Language and Literature, for overseeing the entire project, beginning with the preliminary research for the development of *SNU Korean⁺* Levels 1-6, Seoul National University LEI Instructor Kim Junghyun, for supervising the authoring of Level 3, and Seoul National University LEI Instructors Kim Minhui and Park Mirae, for writing, reviewing, and editing the manuscript to produce the overall completion of *SNU Korean⁺* Level 3. My deepest thanks to former Seoul National University LEI Professor Ahn Kyunghwa, Seoul National University LEI Instructors Song Gye Ryeong and Choi Jihoon because the Level 3 workbooks could not have been developed without their help. Thanks to translator Lee Susan Somyung, translation editor UCLA Professor Sohn Sung-Ock, and the YESUNG Creative artists for the stunning illustrations. Many thanks to the voice actors Lee Sangun and Cho Kyung-ah, along with Seoul National University LEI Level 3 Instructors Kim Jeongkyo, Seong Seogje, Shin Heerang, Lee Myunghee, and Lee Changyong, who provided insightful feedback after using the sample unit as a pilot in the summer semester of 2022. Lastly, a special thanks to Seoul National University Press Director Lee Kyungmook for providing financial and spiritual support and deciding to publish these Korean textbooks, as well as everyone for working tirelessly on this project.

April 2023
Jang Yoonhee
Executive Director
Language Education Institute, Seoul National University

일러두기 How to Use This Book

《서울대 한국어+ Workbook 3A》는 《서울대 한국어+ Student's Book 3A》의 부교재로 1~9단원과 복습 1~3으로 구성되었다. 각 단원은 두 개의 과로 구성되며 각 과는 '어휘' 연습, '문법과 표현' 연습으로 이루어져 있다. 복습은 '말하기, 듣기, 읽기, 쓰기, 발음'으로 구성되어 있다.

SNU Korean+ Workbook 3A is a supplementary material to compliment the **SNU Korean+ Student's Book 3A**, and it is made up of Units 1-9 and Reviews 1-3. Each unit consists of two lessons, and each lesson has Vocabulary Practice and Grammar & Expressions Practice. The review consists of Speaking, Listening, Reading, Writing, and Pronunciation.

각 단원에서 학습 목표로 삼는 '어휘'와 '문법과 표현'을 제시하여 학습할 내용을 파악할 수 있도록 하였다.

The Vocabulary and Grammar & Expression selected for learning goals in each unit are presented to introduce the material.

어휘 Vocabulary

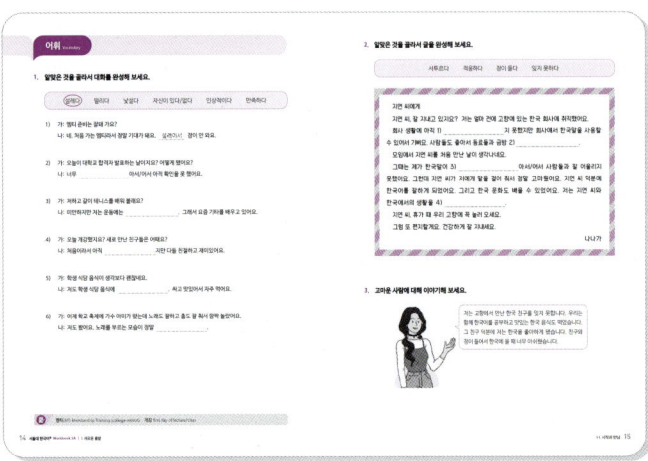

주제별로 선정된 목표 어휘를 사용할 수 있는 상황을 확인하고, 대화나 문장, 담화 안에서의 어휘의 의미를 이해할 수 있도록 하였다. 또한 유의미한 연습을 통해 어휘 사용 능력을 향상시킬 수 있다.

Vocabulary to confirm the usage situation of the selected target vocabulary for each topic and understand the meaning of the vocabulary through conversations, sentences, or discourse is offered. Also, vocabulary usage skills are improved through meaningful practices.

문법과 표현 Grammar & Expression

문법과 표현의 의미와 사용 상황을 익힐 수 있도록 대화, 문장, 텍스트 단위에서 내용을 파악하고 완성하는 연습으로 구성하였다. 또한 말하기 연습을 위해 문법과 표현을 활용하여 학습자들이 스스로 짧은 담화를 생성할 수 있도록 하였다.

Practice exercises are divided into conversational, sentence, and text units to help learners understand the meaning of grammar and expression, and use cases. Moreover, learners can practice speaking and creating short discourses using grammar and expression.

대화 연습 Conversation Practice
제시어나 그림을 활용하여 짧은 대화를 완성한다.

Learners complete short conversations by using the suggested words or pictures.

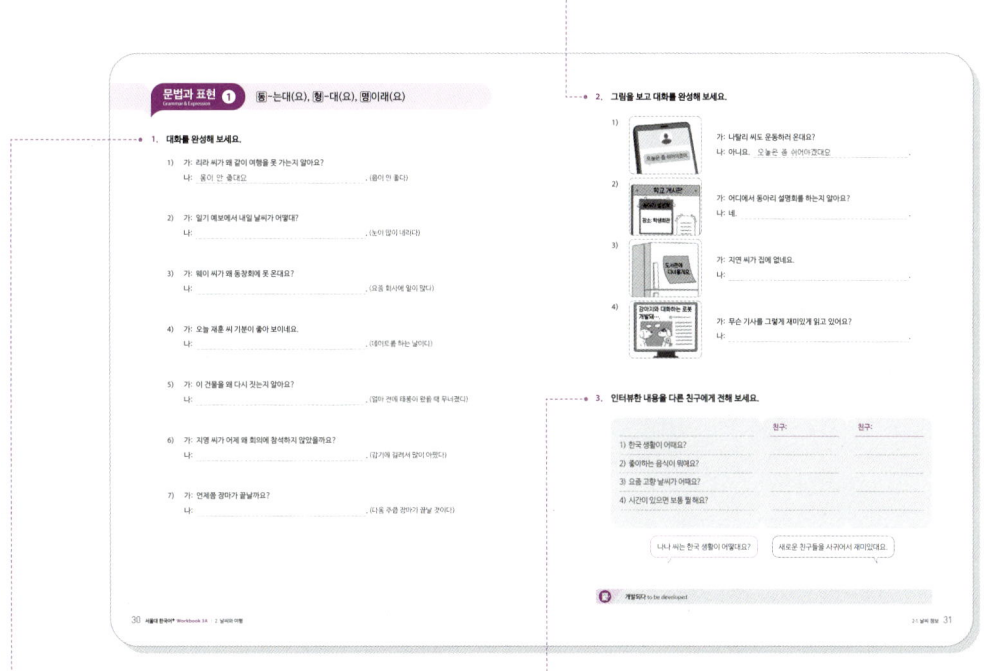

문장 연습 Sentence Practice
제시어, 그림, 문장을 해석하여 짧은 문장을 완성한다.

Learners complete short sentences by interpreting the suggested words, pictures, and sentences.

유의미한 연습 Meaningful Practice
제시된 상황 또는 질문에 맞게 학습자 자신의 생각과 경험에 대해 이야기해 본다.

Learners talk about their thoughts and experiences according to the situation or question.

복습 Review

세 단원마다 제시되는 복습에서는 각 단원에서 학습한 내용과 연계하여 말하기, 듣기, 읽기, 쓰기, 발음을 영역별로 복습할 수 있도록 구성하였다.

Review consists of exercises every three units in relation to the materials learned in each section — speaking, listening, reading, writing, and pronunciation — to help with practice.

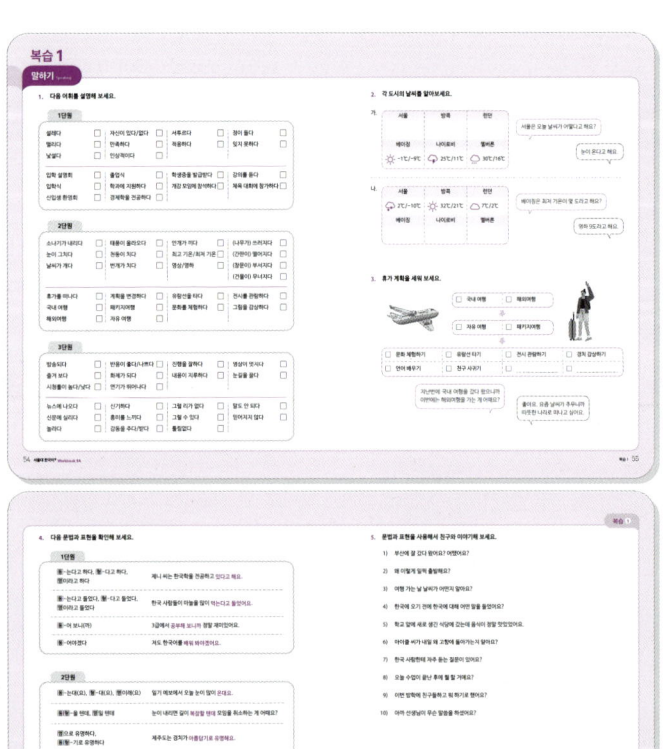

말하기 Speaking

목표 어휘와 목표 문법 목록을 제시하여 앞선 세 단원에서 학습한 내용을 확인할 수 있도록 하였다. 어휘, 문법과 표현을 활용한 말하기 활동을 통해 학습자 간에 소통하고 유창성을 기를 수 있도록 구성하였다.

Speaking is composed of a list of target vocabulary and grammar & expression from the previous three units. Speaking activities that use vocabulary, grammar, and expression help learners improve their communication and fluency.

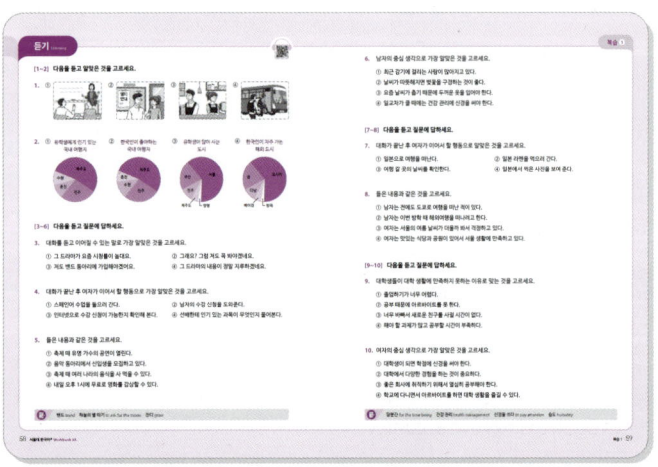

듣기 Listening

학습한 주제, 어휘, 문법과 표현과 관련된 다양한 내용의 듣기 자료를 문제와 함께 제공하여 학습자의 이해 능력과 듣기 유창성을 향상시키고자 하였다.

Learners' comprehension and listening fluency will be improved by providing various listening materials related to the topic, vocabulary, grammar, and expression.

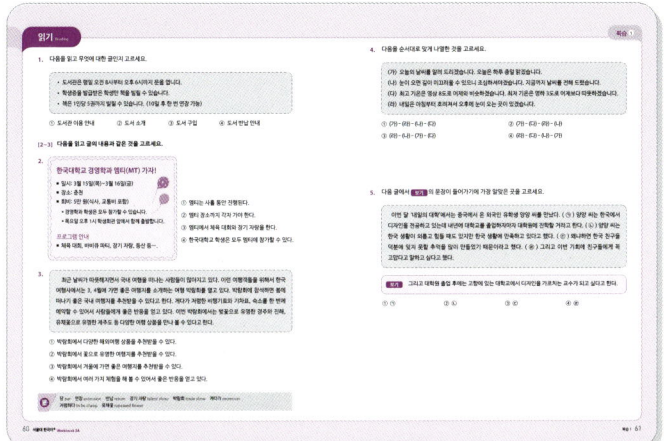

읽기 Reading

학습한 주제, 어휘, 문법과 표현과 관련된 다양한 내용의 읽기 자료를 문제와 함께 제공하여 학습자의 이해 능력과 읽기 유창성을 향상시키고자 하였다.

Reading consists of various reading materials related to topic, vocabulary, grammar, and expression along with questions to improve comprehension and reading fluency.

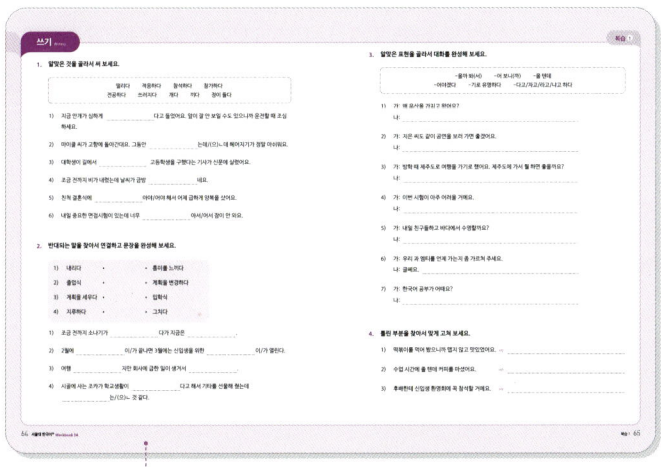
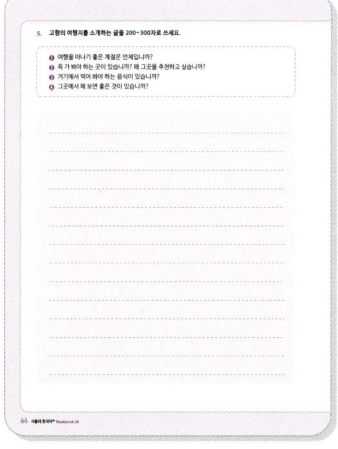

쓰기 Writing

정확성과 유창성을 기를 수 있도록 대화, 문장 단위 완성형 쓰기와 짧은 글쓰기 연습으로 구성하였다.

Writing consists of sentence and conversation completion as well as short writing practices to improve accuracy and fluency.

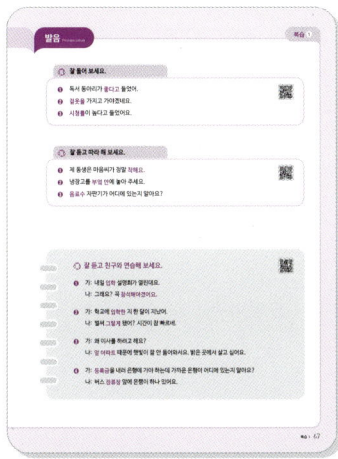

발음 Pronunciation

주교재에서 학습한 발음을 정리하고 연습을 통해 정확성을 향상시키도록 구성하였다.

Pronunciation consists of reviews and exercises of the materials learned in the Student's Book to improve accuracy.

부록 Appendix

'듣기 지문'과 '모범 답안'으로 구성된다.
The appendix consists of the Listening Script and Answer Key.

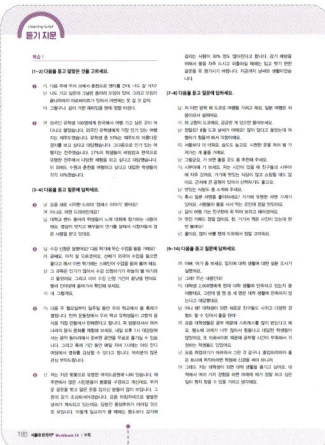

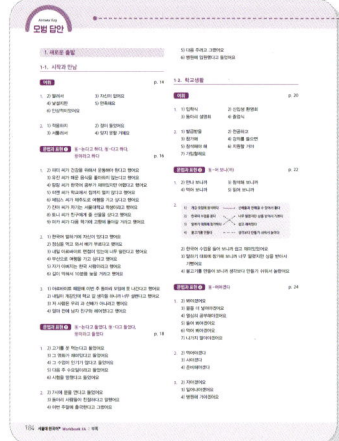

모범 답안 Answer Key

각 과의 '어휘, 문법과 표현' 문제, 복습의 '말하기, 듣기, 읽기, 쓰기' 문제에 대한 모범 답안을 제공한다.

The answers are provided for each lesson's questions on Vocabulary, Grammar & Expression as well as the review for Speaking, Listening, Reading, and Writing.

듣기 지문 Listening Script

복습 듣기의 지문을 제공한다.

The scripts for the listening review are provided.

차례
Table of Contents

머리말 Preface		• 2
일러두기 How to Use This Book		• 4
교재 구성표 Scope and Sequence		• 10

1단원	새로운 출발 New Start	1-1. 시작과 만남 Beginnings & Encounters	• 14
		1-2. 학교생활 School Life	• 20
2단원	날씨와 여행 Weather & Travel	2-1. 날씨 정보 Weather Information	• 28
		2-2. 휴가 계획 Vacation Plans	• 34
3단원	인터넷 콘텐츠 Internet Content	3-1. 재미있는 콘텐츠 Fun Content	• 42
		3-2. 흥미로운 뉴스 Interesting News	• 48
복습 1 Review 1			• 54
4단원	약속과 만남 Plans & Meetups	4-1. 약속 Plans	• 70
		4-2. 모임 장소 Meeting Place	• 76
5단원	음식과 조리법 Food & Recipes	5-1. 좋아하는 음식 Favorite Food	• 84
		5-2. 조리법 Recipes	• 90
6단원	여가 생활 Leisure Life	6-1. 함께 하는 운동 Exercising Together	• 98
		6-2. 색다른 취미 Unique Hobbies	• 104
복습 2 Review 2			• 110
7단원	소비와 절약 Spending & Saving	7-1. 소비 성향 Spending Tendency	• 126
		7-2. 중고 거래 Secondhand Transaction	• 132
8단원	한국 생활 Life in Korea	8-1. 문제와 해결 Problems & Solutions	• 140
		8-2. 문화 차이 Cultural Differences	• 146
9단원	사건과 사고 Incidents & Accidents	9-1. 사고와 부상 Accidents & Injuries	• 154
		9-2. 분실 Lost	• 160
복습 3 Review 3			• 166

부록 Appendix	
듣기 지문 Listening Script	• 180
모범 답안 Answer Key	• 184

교재 구성표
Scope and Sequence

단원 제목 Unit Title		어휘 Vocabulary	문법과 표현 Grammar & Expression
1. 새로운 출발 New Start	1-1. 시작과 만남 Beginnings & Encounters	감정과 기분 Emotions & Moods	• 동-는다고 하다, 형-다고 하다, 명이라고 하다 • 동-는다고 들었다, 형-다고 들었다, 명이라고 들었다
	1-2. 학교생활 School Life	대학 생활 University Life	• 동-어 보니(까) • 동-어야겠다
2. 날씨와 여행 Weather & Travel	2-1. 날씨 정보 Weather Information	날씨 Weather	• 동-는대(요), 형-대(요), 명이래(요) • 동형-을 텐데, 명일 텐데
	2-2. 휴가 계획 Vacation Plans	여행 Travel	• 명으로 유명하다, 동형-기로 유명하다 • 동-자고 하다
3. 인터넷 콘텐츠 Internet Content	3-1. 재미있는 콘텐츠 Fun Content	방송 Broadcasting	• 동-자마자 • 동-으라고 하다, 동-지 말라고 하다
	3-2. 흥미로운 뉴스 Interesting News	반응 Reaction	• 동-느냐고 하다/묻다, 형-으냐고 하다/묻다, 명이냐고 하다/묻다 • 동형-을까 봐(서)
복습 1 Review 1			
4. 약속과 만남 Plans & Meetups	4-1. 약속 Plans	약속 Plans	• 아무 명도 • 명이나
	4-2. 모임 장소 Meeting Place	장소 Place	• 피동(-이/히/리/기-)
5. 음식과 조리법 Food & Recipes	5-1. 좋아하는 음식 Favorite Food	맛 Taste	• 누구나, 언제나, 어디나, 무엇이나 • 동형-을 줄 모르다
	5-2. 조리법 Recipes	조리법 Recipes	• 동형-어야, 명이어야 • 동형-거든(요), 명이거든(요)

	단원 제목 Unit Title	어휘 Vocabulary	문법과 표현 Grammar & Expression
6. 여가 생활 Leisure Life	6-1. 함께 하는 운동 Exercising Together	동작 Motion	• 동-나 보다, 형-은가 보다, 명인가 보다 • 동-었다가
	6-2. 색다른 취미 Unique Hobbies	취미 활동 Hobby Activities	• 동-을 생각/계획/예정이다 • 동-을 만하다
복습 2 Review 2			
7. 소비와 절약 Spending & Saving	7-1. 소비 성향 Spending Tendency	소비와 절약 Spending & Saving	• 동-는 편이다, 형-은 편이다 • 동-을까 말까 (하다)
	7-2. 중고 거래 Secondhand Transaction	구입과 판매 Buying & Selling	• 형-어하다 • 동형-던
8. 한국 생활 Life in Korea	8-1. 문제와 해결 Problems & Solutions	문제와 해결 Problems & Solutions	• 동형-더라고(요), 명이더라고(요) • 동-도록
	8-2. 문화 차이 Cultural Differences	오해 Misunderstandings	• 동-을 뻔하다 • 명이라고 (해서) 다 동-는/형-은/명인 것은 아니다
9. 사건과 사고 Incidents & Accidents	9-1. 사고와 부상 Accidents & Injuries	사고 Accidents	• 동-는다고(요), 형-다고(요), 명이라고(요) • 동-다(가)
	9-2. 분실 Lost	분실과 도난 Lost & Stolen	• 명만 하다 • 동-어지다
복습 3 Review 3			

1 새로운 출발 New Start

- **1-1** 시작과 만남
- **1-2** 학교생활

1-1	어휘	감정과 기분
	문법과 표현	동-는다고 하다, 형-다고 하다, 명이라고 하다
		동-는다고 들었다, 형-다고 들었다, 명이라고 들었다
1-2	어휘	대학 생활
	문법과 표현	동-어 보니(까)
		동-어야겠다

어휘 Vocabulary

1. 알맞은 것을 골라서 대화를 완성해 보세요.

> 설레다   떨리다   낯설다   자신이 있다/없다   인상적이다   만족하다

1) 가: 엠티 준비는 잘돼 가요?
   나: 네. 처음 가는 엠티라서 정말 기대가 돼요. <u>설레어서</u> 잠이 안 와요.

2) 가: 오늘이 대학교 합격자 발표하는 날이지요? 어떻게 됐어요?
   나: 너무 _____ 아서/어서 아직 확인을 못 했어요.

3) 가: 저하고 같이 테니스를 배워 볼래요?
   나: 미안하지만 저는 운동에는 _____. 그래서 요즘 기타를 배우고 있어요.

4) 가: 오늘 개강했지요? 새로 만난 친구들은 어때요?
   나: 처음이라서 아직 _____ 지만 다들 친절하고 재미있어요.

5) 가: 학생 식당 음식이 생각보다 괜찮네요.
   나: 저도 학생 식당 음식에 _____. 싸고 맛있어서 자주 먹어요.

6) 가: 어제 학교 축제에 가수 아미가 왔는데 노래도 잘하고 춤도 잘 춰서 깜짝 놀랐어요.
   나: 저도 봤어요. 노래를 부르는 모습이 정말 _____.

엠티 MT: Membership Training (college retreat)   개강 first day of lecture/class

2. 알맞은 것을 골라서 글을 완성해 보세요.

> 서투르다   적응하다   정이 들다   잊지 못하다

지연 씨에게

지연 씨, 잘 지내고 있지요? 저는 얼마 전에 고향에 있는 한국 회사에 취직했어요.

회사 생활에 아직 1) _____지 못했지만 회사에서 한국말을 사용할 수 있어서 기뻐요. 사람들도 좋아서 동료들과 금방 2) _____.

모임에서 지연 씨를 처음 만난 날이 생각나네요.

그때는 제가 한국말이 3) _____아서/어서 사람들과 잘 어울리지 못했어요. 그런데 지연 씨가 저에게 말을 걸어 줘서 정말 고마웠어요. 지연 씨 덕분에 한국어를 잘하게 되었어요. 그리고 한국 문화도 배울 수 있었어요. 저는 지연 씨와 한국에서의 생활을 4) _____.

지연 씨, 휴가 때 우리 고향에 꼭 놀러 오세요.

그럼 또 편지할게요. 건강하게 잘 지내세요.

　　　　　　　　　　　　　　　　　　　　　　　　　　　나나가

3. 고마운 사람에 대해 이야기해 보세요.

> 저는 고향에서 만난 한국 친구를 잊지 못합니다. 우리는 함께 한국어를 공부하고 맛있는 한국 음식도 먹었습니다. 그 친구 덕분에 저는 한국을 좋아하게 됐습니다. 친구와 정이 들어서 한국에 올 때 너무 아쉬웠습니다.

문법과 표현 ① 동-는다고 하다, 형-다고 하다, 명이라고 하다

1. 문장을 바꿔 보세요.

1) 나 나: 요즘 피아노를 배워요. ➡ 나나 씨가 요즘 피아노를 배운다고 했어요.
2) 피 터: 건강을 위해서 운동해야 돼요. ➡ _____.
3) 유 진: 매운 음식을 좋아하지 않아요. ➡ _____.
4) 링 링: 한국어 공부가 재미있지만 어려워요. ➡ _____.
5) 히 엔: 학교에서 집까지 멀지 않아요. ➡ _____.
6) 제임스: 제주도로 여행을 가고 싶어요. ➡ _____.
7) 진 아: 저는 서울대학교 학생이에요. ➡ _____.
8) 토 니: 친구에게 줄 선물을 샀어요. ➡ _____.
9) 미 카: 다음 학기에 고향에 돌아갈 거예요. ➡ _____.

2. 나나 씨에게 들은 내용을 다른 사람에게 전해 보세요.

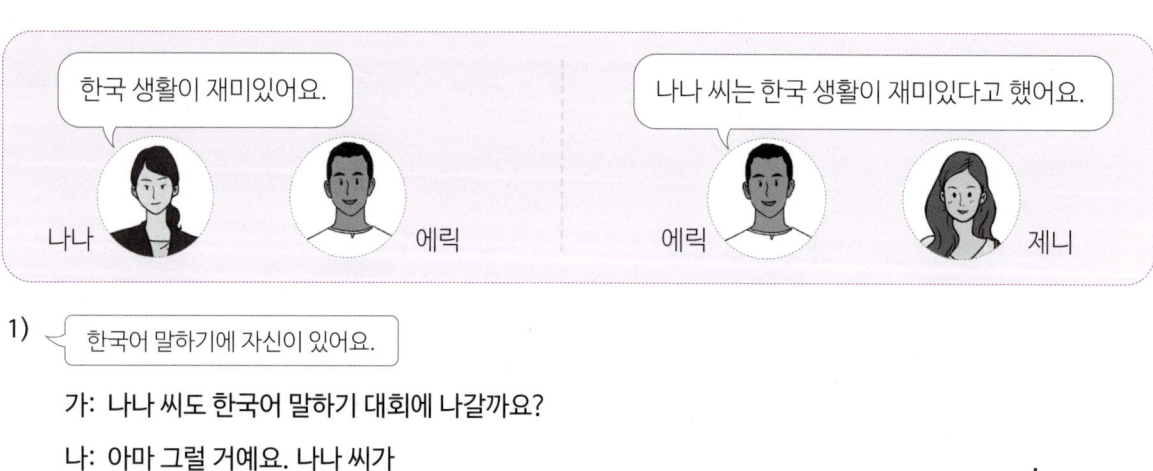

나나: 한국 생활이 재미있어요.
에릭: 나나 씨는 한국 생활이 재미있다고 했어요. 제니

1) 한국어 말하기에 자신이 있어요.

   가: 나나 씨도 한국어 말하기 대회에 나갈까요?
   나: 아마 그럴 거예요. 나나 씨가 _____.

2) 점심을 먹고 와서 배가 부르네요.

   가: 나나 씨하고 같이 점심 먹으러 가요.
   나: 나나 씨는 아까 _____.

3) 내일 아르바이트 면접이 있는데 너무 떨려요.

   가: 나나 씨한테 무슨 일이 있는 것 같아요. 기분이 안 좋아 보이네요.
   나: 나나 씨가 _____.

4) 〔부산으로 여행을 가고 싶어요.〕

　　가: 우리 방학 때 다 같이 여행 가는 게 어때요?
　　나: 좋아요. 나나 씨도 _____.

5) 〔우리 아버지는 한국 사람이에요.〕

　　가: 나나 씨는 한국말을 정말 잘하는 것 같아요. 발음도 좋고요.
　　나: 아, 나나 씨가 _____.

6) 〔길이 막혀서 10분쯤 늦을 거예요.〕

　　가: 나나 씨가 좀 늦네요.
　　나: 아까 문자 메시지를 받았는데 나나 씨가 _____.

3. 친구에게 다시 말해 보세요.

1) 가: 아르바이트 때문에 이번 주 동아리 모임에 못 나가요.
　　나: 미안해요. 잘 못 들었어요.
　　가: _____.

2) 가: 내일이 개강인데 학교 갈 생각을 하니까 너무 설레어요.
　　나: 네? 뭐라고요?
　　가: _____.

3) 가: 저 사람은 우리 과 선배가 아니에요.
　　나: 네? 다시 한번 말씀해 주시겠어요?
　　가: _____.

4) 가: 얼마 전에 남자 친구와 헤어졌어요.
　　나: 차 소리 때문에 시끄러워서 못 들었어요. 미안하지만 다시 말해 줄래요?
　　가: _____.

문법과 표현 2   동-는다고 들었다, 형-다고 들었다, 명이라고 들었다

1. 대화를 완성해 보세요.

1) 가: 무슨 동아리에 가입하면 좋을까요?
   나: 영어 동아리에 가입하는 게 어때요?
   외국어를 공부하면 나중에 취직할 때 <u>도움이 된다고 들었어요</u>.
   (도움이 되다)

2) 가: 동아리 모임 끝나고 다 같이 불고기를 먹으러 갈까요?
   나: 그냥 떡볶이나 김밥을 먹는 건 어때요? 프엉 씨가 _____.
   (고기를 못 먹다)

3) 가: 주말에 친구하고 영화를 보기로 했는데 재미있는 영화를 좀 추천해 주세요.
   나: '학교에서 생긴 일'을 보세요. _____.
   (그 영화가 재미있다)

4) 가: 수강 신청을 해야 하는데 다음 학기에 무슨 과목을 들으면 좋을까요?
   나: 저하고 같이 '한국 문화' 수업을 들을래요? 선배한테서 _____.
   (그 수업이 인기가 많다)

5) 가: 우리 학교 체육 대회를 언제 하는지 알아요?
   나: 동아리 친구한테서 _____.
   (다음 주 수요일이다)

6) 가: 아까 로버트 씨를 만났는데 기분이 안 좋아 보였어요. 무슨 일이 생긴 것 같아요.
   나: 오늘 중요한 시험이 있었는데 _____.
   (시험을 망쳤다)

나중에 later   추천하다 to recommend   수강 신청 class registration   과목 subject   망치다 to mess up

2. **알맞은 것을 골라서 대화를 완성해 보세요.**

　　　　-다고 들었다　　　-다고 말했다　　　-다고 그랬다

1) 가: 이번 주말에 동료 결혼식에 가는데 이 하얀색 원피스를 입고 가면 어떨까요?
　　나: 한국에서는 결혼식에 참석할 때 하얀색 옷을 <u>입으면 안 된다고 들었어요</u>.
　　　　　　　　　　　　　　　　　　　　　　　　　　(입으면 안 되다)

2) 가: 학생 식당이 몇 시에 문을 여는지 아세요?
　　나: 친구한테서 _____.
　　　　　　　　　　(7시에 문을 열다)

3) 가: 등산 동아리가 어떻다고 해요?
　　나: 우리 과 선배가 _____.
　　　　　　　　　　(동아리 사람들이 친절하다)

4) 가: 로라 씨가 언제 고향에 돌아가는지 알아요?
　　나: 로라 씨가 _____.
　　　　　　　　(이번 주말에 출국하다)

5) 가: 미나 씨가 졸업식이 언제라고 그랬지요?
　　나: _____.
　　　　　(다음 주다)

6) 가: 세라 씨가 왜 동아리 모임에 안 나왔는지 알아요?
　　나: _____.
　　　　　(병원에 입원했다)

입원하다 to be hospitalized

어휘 Vocabulary

1. 학과 일정표를 보고 대화를 완성해 보세요.

3월

일	월	화	수	목	금	토
21	22 오늘 졸업식	23	24	25	26	27
28	3/1	2 입학식	3	4	5 신입생 환영회	6
7	8	9	10	11	12	13
14	15 동아리 설명회	16	17	18	19	20
21	22	23	24	25	26 경영학과 엠티	27 경영학과 엠티
28	29	30	31			

1) 가: 다음 주 화요일이 네 대학교 _____(이)구나. 선물로 뭘 사 줄까?
   나: 그럼 저 노트북 좀 사 주세요. 대학생이 되면 숙제도 많고 발표 준비도 해야 해서 노트북이 꼭 필요하다고 들었어요.

2) 가: _____에 참석할 거야? 발표 준비 때문에 바쁜데 가지 말까?
   나: 같이 가자. 선배들과 교수님께 인사할 수 있는 좋은 기회가 될 거라고 들었어.

3) 가: 넌 무슨 동아리에 가입할 거야?
   나: 아직 못 정했어. _____에 참석해서 선배들의 이야기를 들어 보고 정하려고 해.

4) 가: 우리 내일은 학교 말고 다른 곳에서 공부하자.
   나: 왜? 방학이라서 학교에 사람도 별로 없고 조용해서 공부하기 좋은데….
   가: 그날이 우리 학교 _____(이)야. 사람들도 많이 오고 하루 종일 시끄러울 거야.

학과 일정표 (university) department calendar   경영학과 department of Business Administration

2. 알맞은 것을 골라서 대화를 완성해 보세요.

> 가입하다   전공하다   지원하다   강의를 듣다   발급받다   참석하다   참가하다

1) 가: 외국인 등록증을 만들어야 하는데 어떻게 해야 하는지 알아요?
   나: 출입국·외국인사무소에 가서 여권과 신청서를 내면 외국인 등록증을 _____ (으)ㄹ 수 있어요.

2) 가: 대학교에 입학해서 뭘 공부하고 싶어요?
   나: 저는 어렸을 때부터 경제학을 _____ 고 싶었어요.

3) 가: 이번에 우리 학교에서 외국인 말하기 대회가 열린대요.
      미나 씨도 _____ 아/어 보면 어때요?
   나: 글쎄요. 제가 아직 한국어가 서툴러서 자신이 없네요.

4) 가: 수강 신청은 다 했어?
   나: 아니. 아직 고민 중이야. 무슨 _____ (으)면 좋을까?

5) 가: 이번 주 금요일 개강 파티에 너도 올 거지?
   나: 나도 꼭 가고 싶은데 이번 주 금요일이 어머니 생신이라서 가족 모임에 _____ .

6) 가: 학교 게시판에서 교환 학생 모집 공고를 봤어. 너도 _____ ?
   나: 응. 나도 신청서를 내 보려고 해.

7) 가: 우리 같이 영어 동아리에 _____ ? 취직할 때 도움이 될 것 같아서요.
   나: 그거 좋은 생각이네요. 이따가 동아리 설명회에 같이 가 봐요.

3. 여러분 고향의 학교에서 하는 행사에 대해 친구와 이야기해 보세요.

> 축제   개강 파티   체육 대회   엠티   ?

외국인 등록증 residence card   출입국·외국인사무소 immigration office   교환 학생 exchange student
모집 공고 recruitment notice

문법과 표현 3 동-어 보니(까)

1. **대화를 완성해 보세요.**

   1) 가: 한국에서 <u>살아 보니까</u> 어때요? (살다)
      나: 가끔 외로울 때도 있어요. 하지만 사람들이 친절하고 음식도 입에 맞아서 한국 생활에 만족해요.

   2) 가: 반 친구들을 _____ 어때요? (만나다)
      나: 아직 새로운 반이 조금 낯설지만 다들 친절하고 재미있어요.

   3) 가: 입학 설명회에 _____ 어땠어요? (참석하다)
      나: 전공을 선택하는 데에 큰 도움이 되었어요.

   4) 가: 한국 음식을 _____ 어땠어요? (먹다)
      나: 생각보다 맵지 않아서 놀랐어요.

   5) 가: 그 책을 _____ 어땠어요? (읽다)
      나: 내용이 조금 어려웠지만 생각보다 재미있었어요.

2. **알맞은 것을 연결하고 문장을 만들어 보세요.**

1) 개강 모임에 참석하다 •	—	• 선배들과 친해질 수 있어서 좋다
2) 한국어 수업을 듣다 •		• 너무 떨렸지만 상을 받아서 기쁘다
3) 말하기 대회에 참가하다 •		• 쉽고 재미있다
4) 불고기를 만들다 •		• 생각보다 만들기 쉬워서 놀라다

   1) <u>개강 모임에 참석해 보니까 선배들과 친해질 수 있어서 좋았어요</u>.
   2) _____.
   3) _____.
   4) _____.

3. 경험한 것에 대해 이야기해 보세요.

　　번지 점프를 해 봤어요? 번지 점프를 해 보니까 어땠어요?

　　처음에는 너무 무섭고 떨렸어요. 하지만 정말 신나고 재미있는 경험이었어요.

4. 특별한 경험에 대해 이야기해 보세요.

　　저는 혼자 노래방에 가 봤어요.

　　정말요? 노래방에서 혼자 노래해 보니까 어땠어요?

　　좋아하는 노래를 마음껏 부를 수 있어서 좋았어요.

번지 점프 bungee jumping

문법과 표현 4 동-어야겠다

1. 대화를 완성해 보세요.

1) 가: 이번 주 금요일에 동아리 설명회를 한다고 해요.
   나: 그래요? 꼭 <u>참석해야겠어요</u>. (참석하다)

2) 가: 한국 드라마가 한국어 공부에 도움이 된다고 해요.
   나: 그럼 저도 _____. (보다)

3) 가: 아까 김치찌개에 소금을 너무 많이 넣은 것 같아요.
   나: 국물이 많이 짜네요. _____. (물을 더 넣다)

4) 가: 선배가 한국 역사 시험이 어렵다고 했어요.
   나: 그럼 _____. (열심히 공부하다)

5) 가: 가수 소미의 노래를 들어 보니까 정말 좋았어요.
   나: 그래요? 저도 한번 _____. (듣다)

6) 가: 인삼이 건강에 좋다고 들었어요.
   나: 그래요? 그럼 저도 _____. (먹다)

7) 가: 지금 밖에 비가 오는데 운동하러 나갈 거예요?
   나: 아니요. 오늘은 _____. (나가지 말다)

국물 broth

2. 일기를 완성해 보세요.

12월 1일 화요일　　　　　　　　　　날씨: 맑음 ☀

오늘 아침에 늦게 일어나서 회사에 지각했다.
내일부터는 일찍 1) 일어나야겠다 .
그리고 아침을 안 먹고 출근해서 배가 너무 고팠다.
내일은 꼭 아침을 2) _____ .
요즘 한국 날씨가 많이 추워졌는데 입을 옷이 없다.
인터넷 쇼핑몰에서 두꺼운 코트를 3) _____ .
내일은 회사에서 중요한 발표가 있다.
열심히 4) _____ .

3. 대화를 완성해 보세요.

1) 가: 감기에 걸린 것 같아요. 계속 콧물이 나요.
　　나: 빨리 약을 　먹어야겠어요　 .

2) 가: 어제 잠을 못 자서 너무 피곤해요.
　　나: 집에 가서 얼른 _____ .

3) 가: 내일 아침 일찍 공항에 가야 해요.
　　나: 그럼 아침에 일찍 _____ .

4) 가: 배가 아파서 약을 먹었는데 낫지 않아요.
　　나: 그럼 빨리 _____ .

4. 추천하고 싶은 것에 대해 이야기해 보세요.

드라마 '친구'가 정말 재미있다고 해요.

그래요? 요즘 좋아하는 드라마가 끝나서 아쉬웠는데 저도 그 드라마를 봐야겠어요.

드라마　　책　　음식　　장소　　?

2

날씨와 여행 Weather & Travel

- **2-1** 날씨 정보
- **2-2** 휴가 계획

	어휘	날씨
2-1	문법과 표현	동-는대(요), 형-대(요), 명이래(요) 동형-을 텐데, 명일 텐데
2-2	어휘	여행
	문법과 표현	명으로 유명하다, 동형-기로 유명하다 동-자고 하다

어휘 Vocabulary

1. 알맞은 것을 연결하고 대화를 완성해 보세요.

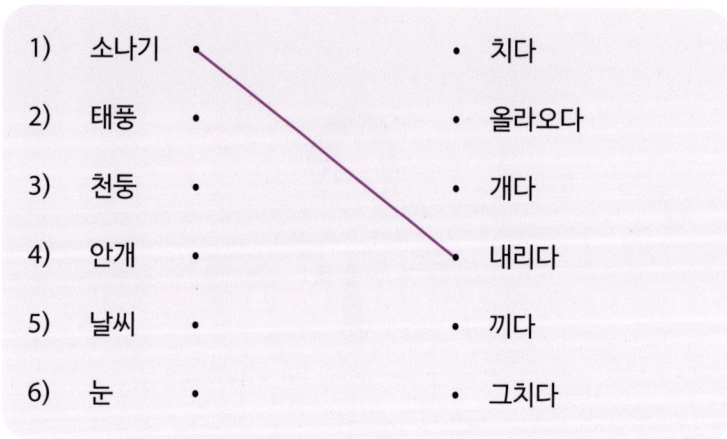

1) 가: 갑자기 <u>소나기가 내리네요</u>. 우산이 없는데 어떡하죠?
   나: 금방 그칠 테니까 조금만 기다려 봐요.

2) 가: 왜 이렇게 바람이 많이 불지요?
   나: 일기 예보를 봤는데 지금 _____ 고 있대요.

3) 가: 피곤해 보이는데 무슨 일 있어요?
   나: 어젯밤에 _____ 아서/어서 잠을 잘 못 잤어요.

4) 가: _____ 아서/어서 앞이 잘 보이지 않네요.
   나: 좀 더 천천히 운전하는 게 좋겠어요.

5) 가: 오늘도 하루 종일 비가 올까요?
   나: 아니요. 오후부터 맑아진다고 했으니까 곧 _____.

6) 가: 눈이 많이 와서 지금 출발하기는 힘들 것 같아요.
   나: 네. 이따가 _____ (으)면 가는 게 좋을 것 같아요.

2. 알맞은 것을 골라서 문장을 완성해 보세요.

> 최고 기온   최저 기온   영상   영하

오늘의 날씨입니다. 아침 1) _____ 은/는 2) _____ 10도로 매우 춥겠습니다. 그리고 오늘 낮 3) _____ 은/는 4) _____ 5도까지 올라가겠습니다.

3. 알맞은 것을 골라서 글을 완성해 보세요.

> 쓰러지다   부서지다   무너지다   떨어지다

[오늘의 날씨]   **태풍 '나비' 제주도에….**

　태풍 '나비' 때문에 오전 9시 현재 제주도에 심한 바람이 불고 있습니다. 오늘 오후부터는 수도권도 태풍의 영향을 받겠습니다. 바람이 심하게 불어서 나무가 1) _____ 고 간판이 2) _____ (으)ㄹ 수 있으니 길을 걸을 때 조심하셔야겠습니다. 또 태풍 때문에 창문이 3) _____ 거나 오래된 벽이 4) _____ 기 쉬우니 미리 잘 확인해 보셔야겠습니다.

심하다 to be severe   **수도권** metropolitan area   **영향을 받다** to be affected by

문법과 표현 1 동-는대(요), 형-대(요), 명이래(요)

1. 대화를 완성해 보세요.

1) 가: 리라 씨가 왜 같이 여행을 못 가는지 알아요?
   나: 몸이 안 좋대요   . (몸이 안 좋다)

2) 가: 일기 예보에서 내일 날씨가 어떻대?
   나: _____. (눈이 많이 내리다)

3) 가: 웨이 씨가 왜 동창회에 못 온대요?
   나: _____. (요즘 회사에 일이 많다)

4) 가: 오늘 재훈 씨 기분이 좋아 보이네요.
   나: _____. (데이트를 하는 날이다)

5) 가: 이 건물을 왜 다시 짓는지 알아요?
   나: _____. (얼마 전에 태풍이 왔을 때 무너졌다)

6) 가: 지영 씨가 어제 왜 회의에 참석하지 않았을까요?
   나: _____. (감기에 걸려서 많이 아팠다)

7) 가: 언제쯤 장마가 끝날까요?
   나: _____. (다음 주쯤 장마가 끝날 것이다)

2. 그림을 보고 대화를 완성해 보세요.

1) 가: 나탈리 씨도 운동하러 온대요?
   나: 아니요. 오늘은 좀 쉬어야겠대요.

2) 가: 어디에서 동아리 설명회를 하는지 알아요?
   나: 네. _____.

3) 가: 지연 씨가 집에 없네요.
   나: _____.

4) 가: 무슨 기사를 그렇게 재미있게 읽고 있어요?
   나: _____.

3. 인터뷰한 내용을 다른 친구에게 전해 보세요.

	친구:	친구:
1) 한국 생활이 어때요?		
2) 좋아하는 음식이 뭐예요?		
3) 요즘 고향 날씨가 어때요?		
4) 시간이 있으면 보통 뭘 해요?		

나나 씨는 한국 생활이 어떻대요?

새로운 친구들을 사귀어서 재미있대요.

개발되다 to be developed

문법과 표현 2 동형-을 텐데, 명일 텐데

1. 대화를 완성해 보세요.

1) 가: 지수 씨가 오늘 등산을 간대요.
   나: <u>비가 와서 미끄러울 텐데</u> 걱정이네요.
   (비가 와서 미끄럽다)

2) 가: 미안해요. 제가 늦잠을 자서 좀 늦을 것 같아요.
   나: _____ 빨리 오세요.
   (공연이 곧 시작되다)

3) 가: 월요일에 같이 미술관에 갈까요?
   나: _____ 화요일에 가는 게 어때요?
   (월요일에는 미술관이 문을 닫다)

4) 가: 이 문제를 어떻게 푸는지 아세요?
   나: 저도 잘 모르겠네요. 민수 씨가 _____ 민수 씨한테 물어보는 게 어때요?
   (수학을 전공해서 잘 알다)

5) 가: 오랜만에 등산을 해서 좀 힘드네요.
   나: _____ 여기에 앉아서 좀 쉬세요.
   (다리가 많이 아프다)

6) 가: 오늘 친구들하고 스키를 타러 가기로 했어.
   나: _____ 따뜻하게 입고 가.
   (날씨가 춥다)

7) 가: 휴가 때 어디로 여행을 가면 좋을지 지수 씨한테 물어봐야겠어요.
   나: 지수 씨가 미국으로 출장을 갔다고 들었어요. 거기는 아직 _____ 이따가 연락해 보세요.
   (새벽이다)

8) 가: 왜 아직도 출발을 안 했어요? 약속 시간이 6시라고 하지 않았어요?
   나: 숙제를 하다가 잠이 들었어요. _____ 늦어서 큰일이에요.
   (친구들은 다 도착했다)

잠이 들다 to fall asleep

2. 그림을 보고 대화를 완성해 보세요.

1)
가: 아이가 밖에서 혼자 놀고 있는데 괜찮을까요?
나: 글쎄요. 좀 위험할 텐데요 .

2)
가: 이 영화를 보려고 하는데 어떨 것 같아요?
나: 글쎄요. _____ .

3)
가: 이 라면을 외국 친구가 먹을 수 있을까요?
나: 글쎄요. _____ .

4)
가: 오늘이 토요일인데 우체국이 문을 열었을까요?
나: 글쎄요. _____ .

3. 대화를 완성해 보세요.

1) 가: 저는 오늘 회식에 참석 못 할 것 같아요.
   나: 지민 씨도 회식에 참석하면 좋을 텐데요 .

2) 가: 내일 중요한 시험이 있어서 오늘 파티에 못 갈 것 같아요.
   나: 유키 씨도 _____ .

3) 가: 갑자기 고향에 돌아가게 돼서 같이 여행을 못 갈 것 같아.
   나: 너도 _____ .

4) 가: 나는 아르바이트가 있어서 같이 영화를 못 볼 것 같아.
   나: 너도 _____ .

회식 company meal

어휘 Vocabulary

1. 알맞은 것을 골라서 대화를 완성해 보세요.

> 국내 여행   해외여행   자유 여행   패키지여행

1) 가: 이번 방학 때는 _____ 을 갈 거예요.
   나: 그래요? 어느 나라로 갈 거예요?

2) 가: 요즘 _____ 을 하는 사람이 많대요.
   나: 맞아요. 우리나라에도 좋은 곳이 많으니까요.

3) 가: 부모님하고 여행을 가려고 하는데 _____ 이 좋겠지요?
   나: 네. 부모님과 여행할 때 가이드가 있으면 편하고 안전할 거예요.

4) 가: _____ 을 하면 하고 싶은 것을 마음대로 할 수 있어서 좋아요.
   나: 그래요? 혼자서 계획을 세우는 게 어렵지 않아요?

2. 알맞은 것을 연결하고 문장을 완성해 보세요.

1) 전시   •   • 타다
2) 문화   •   • 체험하다
3) 그림   •   • 감상하다
4) 유람선 •   • 관람하다

1) 제주도에는 귤 박물관, 돌 박물관, 자동차 박물관 등 다양한 박물관이 있어요.
   그래서 여러 _____ (으)ㄹ 수 있어요.

2) 여기저기 구경하면서 여행하는 것도 좋지만 요즘은 한 달 정도 여행지에서 살면서
   그곳의 _____ 사람들이 많다고 들었어요.

가이드 guide   마음대로 whatever one wants

3) 그림 공부를 하고 나서 미술관에 가면 _____ (으)ㄹ 때 훨씬 더 많은 것을 이해할 수 있어요.

4) 외국 친구가 서울에 놀러 오면 한강에 가서 _____ 아/어 보세요. 낮에 가는 것보다 저녁에 가서 야경을 구경하는 게 더 좋아요.

3. 알맞은 것을 골라서 문장을 완성한 후 연결해 보세요.

> 떠나다   변경하다   감상하다   관람하다

| 민수 씨가 왜 출근을 안 했는지 알아요? | • | • | 방학이라서 전시를 1) _____ 학생들이 많은 것 같아요. |

| 날씨가 너무 추운데 낚시는 다음에 하는 게 어때요? | • | • | 가족들과 여행을 2) _____ 다고 들었어요. |

| 박물관에 사람들이 왜 이렇게 많지요? | • | • | 네. 일정을 3) _____ 는 게 좋겠네요. |

| 주말에 보통 뭐 해요? | • | • | 영화나 음악을 4) _____ (으)면서 시간을 보내요. |

문법과 표현 ❸ 명으로 유명하다, 동형-기로 유명하다

1. 그림을 보고 문장을 완성해 보세요.

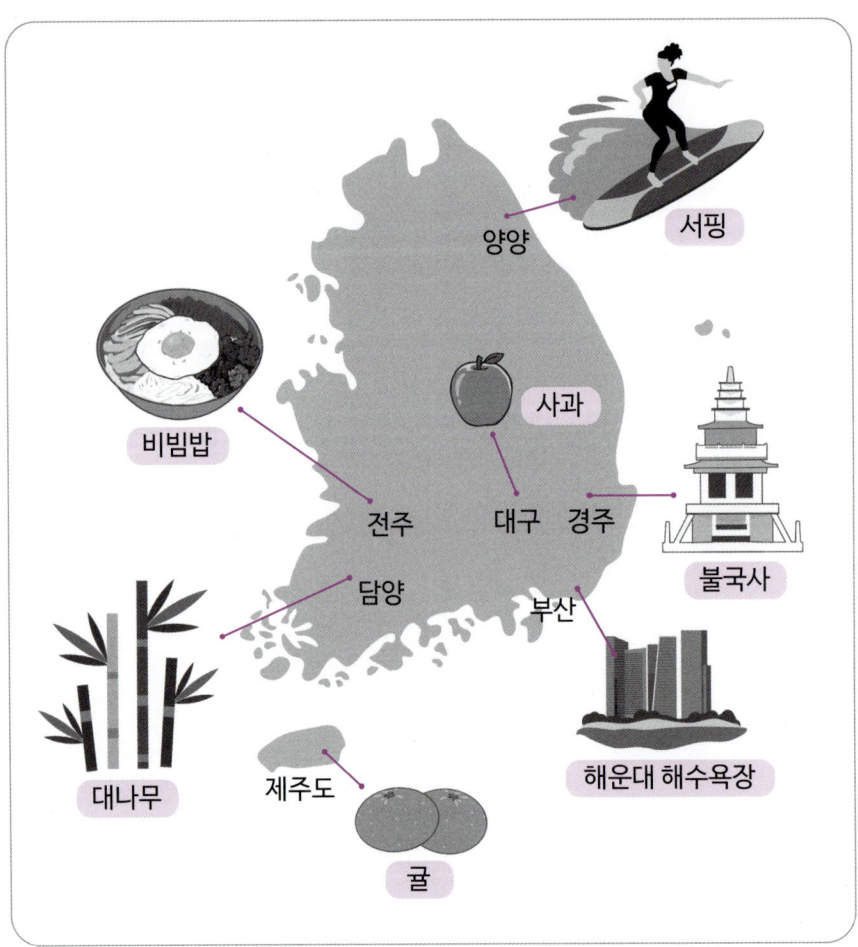

1) 부산은 <u>해운대 해수욕장으로 유명해요</u>.
2) 경주는 _____.
3) 제주도는 _____.
4) 담양은 _____.
5) 전주는 _____.
6) 양양은 _____.
7) 대구는 _____.

2. 대화를 완성해 보세요.

1) 가: 또 길을 잃어버린 것 같아요.
   나: 이 동네가 원래 <u>길이 복잡하기로 유명하대요</u>.
   (길이 복잡하다)

2) 가: 프엉 씨가 한국어 글짓기 대회에서 1등을 했대요.
   나: 저는 프엉 씨가 _____(으)니까 상을 받을 거라고 생각했어요.
   (글을 잘 쓰다)

3) 가: 진수 씨가 요리를 잘한다고 들었어요.
   나: 네. 특히 _____.
   (불고기를 잘 만들다)

4) 가: 저 빵집 앞에 사람들이 줄을 서 있네요.
   나: 저 빵집이 _____.
   (케이크가 맛있다)

5) 가: 주말에 친구들하고 인사동에 놀러 가기로 했어요. 거기에서 뭘 하면 좋을까요?
   나: 인사동에는 _____(으)니까 전시를 관람해 보세요.
   (미술관이 많다)

3. 고향에서 유명한 것에 대해 이야기해 보세요.

우리 고향은 생선회로 유명해요.

우리 고향은 바다가 아름답기로 유명해요.

원래 originally   글짓기 writing

문법과 표현 ④ 동-자고 하다

1. 그림을 보고 대화를 완성해 보세요.

1)

가: 어디에 그렇게 급하게 가세요?
나: 나나 씨가 <u>저녁을 먹자고 했어요</u>. 늦지 않으려면 빨리 가 봐야 할 것 같아요.

2)

가: 이번 주말에 뭐 하세요?
나: 엥흐 씨가 _____.
그래서 같이 한강공원에 가려고요.

3)

가: 누구를 기다리고 있어요?
나: 아야나 씨를 기다리고 있어요.
아야나 씨가 _____.

4)

가: 왜 케이크를 샀어요?
나: 크리스 씨가 _____ 아서/어서
제가 케이크를 사겠다고 했어요.

5)

가: 왜 갑자기 고향에 내려가요?
나: 아버지가 _____ 아서/어서
고향에 가요.

6)

가: 뭘 그렇게 열심히 보고 있어요?
나: 안나 씨가 _____ 아서/어서
모임 장소를 예약하고 있어요.

7)

가: 어디로 여행을 가세요?
나: 다니엘 씨가 _____ 아서/어서
비행기표를 알아보고 있어요.

2. 친구에게 받은 문자 메시지를 보고 문장을 만들어 보세요.

테오

내일 만나자.

내일은 바쁘니까 주말에 만나자.

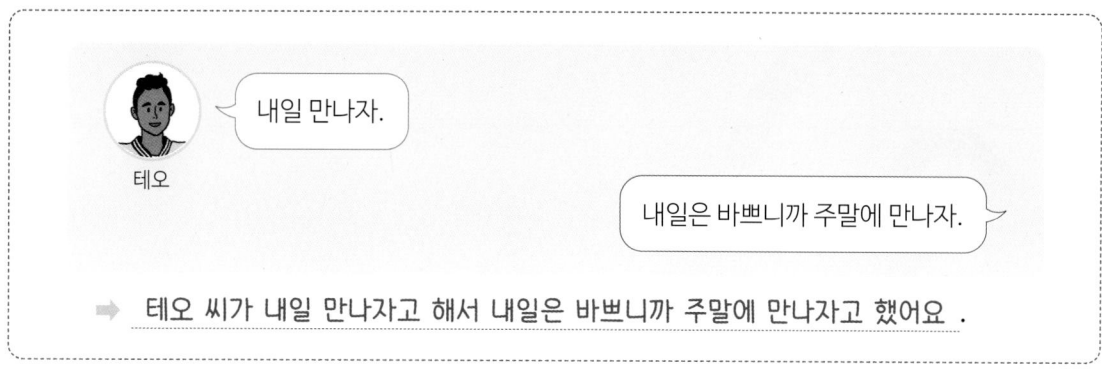

➡ 테오 씨가 내일 만나자고 해서 내일은 바쁘니까 주말에 만나자고 했어요 .

1)

자밀라

비가 많이 내려서 지금 바다에 가면 위험할 것 같아.

그럼 근처에 있는 식당에서 회를 먹자.

➡ ______________________________ .

2)

하이

지금 눈이 많이 와.

눈이 그치면 만나자.

➡ ______________________________ .

3)

소날

나는 재미있는 영화를 좋아해.

같이 코미디 영화를 보러 가자.

➡ ______________________________ .

4)

민우

날씨가 좋으니까 꽃을 보러 가자.

그럼 기차를 타고 진해에 갈까?

➡ ______________________________ .

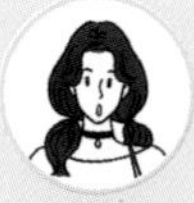

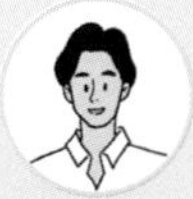

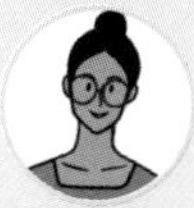

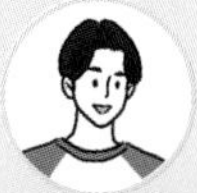

3 인터넷 콘텐츠 Internet Content

- **3-1** 재미있는 콘텐츠
- **3-2** 흥미로운 뉴스

3-1	어휘	방송
	문법과 표현	동-자마자
		동-으라고 하다, 동-지 말라고 하다

3-2	어휘	반응
	문법과 표현	동-느냐고 하다/묻다, 형-으냐고 하다/묻다, 명이냐고 하다/묻다
		동형-을까 봐(서)

어휘 Vocabulary

1. 알맞은 것을 연결해 보세요.

1) 방송에 제주도 바닷가가 나왔는데 경치가 정말 아름다웠어요. • • 연기가 뛰어나다

2) 배우 이사라 씨가 슬픈 연기를 하면 저도 따라서 울게 돼요. • • 진행을 잘하다

3) 사회자 유한성 씨가 나오는 프로그램을 보면 이해가 잘돼요. • • 내용이 지루하다

4) 어제 시작한 드라마 '조용한 나라'를 보면서 졸았어요. • • 영상이 멋지다

5) 새로운 여행지를 소개해 주는 프로그램이 있는데 한번 보기 시작하면 계속 보게 돼요. • • 눈길을 끌다

2. 알맞은 것을 골라서 문장을 완성해 보세요.

| (반응이 좋다/나쁘다)　　방송되다　　즐겨 보다　　시청률이 높다/낮다　　화제가 되다 |

1) 최근에 새로 시작한 '한국에 사는 친구들'이라는 프로그램이 ___반응이 좋다___ . 첫 회부터 시청자들의 좋은 평가를 받고 있다.

2) 인기 가수 김우민 씨가 오랜만에 퀴즈 프로그램 '해 보자, 퀴즈'에 나와 _____고 있다. 이날 인터넷에 김우민 씨에 대한 기사가 쏟아졌다.

3) 최근 한 설문 조사에서 시청자 천 명에게 자주 보는 방송 프로그램이 무엇인지 질문했다. 65%의 사람들이 예능 프로그램 '달리는 친구들'을 _____ 다고 답했다.

사회자 emcee　　졸다 to doze off　　회 episode　　시청자 viewer　　평가 evaluation　　퀴즈 quiz　　쏟아지다 to be poured out
설문 조사 survey

4) 지난 5월부터 방송되고 있는 드라마 '사랑하는 너와 나'가 예정보다 빨리 끝난다고 한다. 그 이유는 _____ 기 때문이다. 지난주 이 드라마의 시청률은 1%였다.

5) 다음 주부터 드라마 '우리의 소중한 시간'이 매주 금요일 9시에 KBN에서 _____ .

3. 친구들을 인터뷰하고 정리해서 이야기해 보세요.

	친구:	친구:
1) 즐겨 보는 프로그램 제목이 뭐예요?		
2) 그 프로그램을 왜 자주 봐요?		
3) 언제 어디에서 방송되고 있어요?		
4) 시청률이 높아요?		
5) 사람들의 반응이 어때요?		

나나 씨는 최근에 예능 프로그램 '친구를 사귀어요'를 보고 있다고 해요. 사회자가 진행을 잘하고 영상이 멋져서 즐겨 본다고 해요. 그 프로그램은 매주 월요일 오후 8시에 방송된다고 해요. 시청률이 높고 사람들의 반응도 좋다고 해요.

예정 schedule

문법과 표현 1 동-자마자

1. 대화를 완성해 보세요.

   1) 가: 그 드라마는 인기가 많아요?
      나: 네. 배우들이 연기를 잘해서 ___방송되자마자___ 화제가 되고 있어요. (방송되다)

   2) 가: 여행 잘 다녀와. _____ 연락해. (도착하다)
      나: 네. 알았어요. 걱정하지 마세요.

   3) 가: 방학에 뭐 할 거예요?
      나: _____ 친구들과 제주도에 갈 거예요. (방학하다)

   4) 가: 왜 집에 _____ 다시 나가요? (들어오다)
      나: 휴대폰을 회사에 두고 왔어요. 잠깐 회사에 다녀올게요.

   5) 가: 요즘 예능 프로그램 '유레카'가 시청률이 높다고 들었어요.
      나: 맞아요. 저도 _____ 집에 가서 그 프로그램을 봐요. (퇴근하다)

   6) 가: 어젯밤에 왜 전화 안 했어요?
      나: 미안해요. 너무 피곤해서 침대에 _____ 잠이 들었어요. (눕다)

   7) 가: 밥을 _____ 누우면 건강에 안 좋대요. (먹다)
      나: 저도 알아요. 근데 배가 부르니까 눕고 싶어지네요.

   8) 가: 다니엘 씨, 어제 과자를 구웠다고 들었어요. 저도 먹어 보고 싶어요.
      나: 미안해요. 테오 씨가 맛있다고 하면서 과자를 _____ 다 먹었어요. (굽다)

과자를 굽다 to bake cookies

2. 그림을 보고 문장을 완성해 보세요.

1)
엥흐 씨가 <u>이메일을 받자마자 답장을 썼다</u>.

2)
소날 씨가 _____.

3)
내가 _____.

4)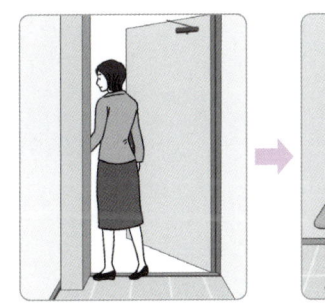
엄마가 _____.

3. 친구와 이야기해 보세요.

아침에 일어나면 뭐 해요?

저는 건강을 위해서 일어나자마자 물을 한 잔 마셔요.

| 아침에 일어나다 | 수업이 끝나다 | 고향에 돌아가다 |
| 졸업하다 | 첫 월급을 받다 | ? |

문법과 표현 ❷   동-으라고 하다, 동-지 말라고 하다

1. 그림을 보고 대화를 완성해 보세요.

1)

가: 숙제를 언제까지 내야 하는지 알아요?
나: 선생님이 <u>내일까지 숙제를 내라고 하셨어요</u>.

2)

가: 뭘 보고 있어요?
나: 드라마를 보고 있어요. 나나 씨가 _____.

3)

가: 집에 오자마자 어디에 전화를 하니?
나: 오늘 만난 친구가 _____.

4)

가: 옷이 정말 따뜻해 보이네요.
나: 네. 엄마가 _____.

5)

가: 줄리앙 씨는 왜 아이스크림을 안 먹어요?
나: 어제 의사 선생님이 _____.

2. 들은 내용을 다른 사람에게 전해 보세요.

가: 나나 씨가 뭐라고 했어요?
나: 나나 씨가 <u>카메라를 빌려 달라고 했어요</u>.

1) 유진: 민수 씨에게 이 커피를 가져다주세요.
   가: 그 커피는 누구 거예요?
   나: 민수 씨 커피예요. 유진 씨가 _____.

2) 손님: 너무 더우니까 창문을 좀 열어 주세요.
   가: 갑자기 왜 창문을 열어요?
   나: 손님이 _____.

3) 룸메이트: 이따가 저녁 준비 좀 해 줘.
   가: 지금 뭐 하고 있어요?
   나: 요리하고 있어요. 룸메이트가 _____.

4) 선생님: 알리 씨에게 숙제를 알려 주세요.
   가: 선생님이 뭐라고 하셨어요?
   나: 선생님이 _____.

5) 크리스: 후앙 씨 전화번호를 가르쳐 주세요.
   가: 누구에게 문자 메시지를 보내고 있어요?
   나: 크리스 씨에게 보내고 있어요. 크리스 씨가 _____.

6) 마리: 일찍 가서 켈리 씨의 일을 좀 도와주세요.
   가: 회사에 왜 이렇게 일찍 가요?
   나: 마리 씨가 _____.

3. 어렸을 때 부모님께 자주 들은 말에 대해 이야기해 보세요.

어렸을 때 부모님께 어떤 말을 자주 들었어요?

집에 오자마자 손을 씻으라고 하셨어요.

어휘 Vocabulary

1. 알맞은 것을 골라서 문장을 완성해 보세요.

> 신문/잡지에 실리다   뉴스/라디오에 나오다

1) 제주도를 소개하는 글과 사진이 ___잡지에 실렸다___ . 서점에 가서 사 보려고 한다.

2) 내가 좋아하는 영화감독이 오늘 _____ . 디제이와 영화 이야기를 하고 팬들과 대화도 했는데 재미있게 들었다.

3) 최근 한국 노래에 관심을 갖는 외국인들이 많아졌다는 기사가 _____ .

4) 한국미술관에 불이 났다는 이야기가 _____ . 전에 가 본 적이 있는 곳이라서 뉴스를 보고 깜짝 놀랐다.

2. 알맞은 것을 골라서 대화를 완성해 보세요.

> (신기하다)   흥미를 느끼다   놀라다   감동을 주다/받다

1) 가: 휴대폰보다 작은 컴퓨터가 있는데 성능도 좋대요.
   나: 정말 ___신기하네요___ . 저도 한번 사용해 보고 싶어요.

2) 가: 어젯밤 폭우가 내려서 학교 근처 산이 무너졌대요.
   나: 네. 저도 오늘 아침에 그 뉴스를 들었어요. 정말 깜짝 _____ .

3) 가: 왜 요리를 배우기로 했어요?
   나: 얼마 전에 여러 나라의 음식 문화에 대한 책을 읽었어요. 그때 다양한 요리에 _____ . 그래서 한번 배워 봐야겠다고 생각했어요.

4) 가: 동네 아이들이 길에서 쓰러진 할머니를 병원에 모셔다드렸대요.
   나: 저도 그 이야기를 듣고 정말 _____ .

영화감독 film director   **디제이** DJ   **관심을 갖다** to have interest in   **성능** performance

3. 알맞은 것을 연결해 보세요.

1) 저기 마스크를 쓰고 있는 사람이 정말 배우 김우민 씨예요?   •   •   어머, 속상했겠어요. 그런데 너무 바쁘면 그럴 수 있어요.

2) 오늘 공연이 취소될 거래요.   •   •   네. 틀림없어요. 제가 아까 화장실 앞에서 사인도 받았어요.

3) 여자 친구가 저하고 한 약속을 잊어버렸대요.   •   •   정말요? 믿어지지 않아요. 어디에서 판대요?

4) 자동차보다 비싼 가방이 있대요.   •   •   그럴 리가 없어요. 지금도 인터넷으로 표를 살 수 있는데요.

5) 수미 씨가 시험에서 떨어졌대요.   •   •   말도 안 돼요. 매일 늦은 시간까지 열심히 공부했는데요.

4. 최근에 한국이나 고향에 대해 들은 소식이 있습니까? 이야기해 보세요.

최근 제 고향 영화제에서 한국 영화가 상을 받았다고 해요. 그 소식을 듣고 처음에는 정말 놀랐어요. 믿어지지 않았고요. 하지만 한국 배우들이 연기를 잘하고 영화 속 영상이 멋지니까 그럴 수 있을 것 같아요.

문법과 표현 3 : 동-느냐고 하다/묻다, 형-으냐고 하다/묻다, 명이냐고 하다/묻다

1. 문장을 바꿔 보세요.

   1) 유 진: 언제 한국에 와요? ➡ 유진 씨가 언제 한국에 오느냐고 했어요.
   2) 나 나: 왜 한국어를 배워요? ➡ _____.
   3) 소 라: 학교에 갈 때 교복을 입어? ➡ _____.
   4) 자 잉: 오늘 거기 날씨는 좋아요? ➡ _____.
   5) 프 엉: 무슨 음식을 먹고 싶어? ➡ _____.
   6) 미 셸: 그 영화는 재미있습니까? ➡ _____.
   7) 알렉스: 저 사람은 배우예요? ➡ _____.
   8) 제레미: 수지 씨는 서울대학교 학생입니까? ➡ _____.
   9) 샤오밍: 주말에 누구를 만났어요? ➡ _____.
   10) 아키라: 방학에 어디에 갈 거예요? ➡ _____.

2. 대화를 완성해 보세요.

   1) 가: 텔레비전에 나오는 사람을 만나면 무슨 질문을 할 거예요?
      나: 카메라 앞에 서면 긴장되지 않느냐고 물어볼 거예요.

   2) 가: 고향에서 면접을 볼 때 면접관이 보통 무슨 질문을 해요?
      나: _____.

   3) 가: 한국 사람들이 자주 하는 질문이 뭐예요?
      나: _____.

   4) 가: 가족들에게 자주 받는 질문이 뭐예요?
      나: _____.

   5) 가: 소개팅에서 처음 만난 사람에게 어떤 질문을 하고 싶어요?
      나: _____.

면접관 interviewer   소개팅 blind date

3. 그림을 보고 문장을 만들어 보세요.

1) 주말에 보통 뭐 해? / 책을 읽어.
→ 친구가 주말에 보통 뭐 하느냐고 해서 책을 읽는다고 했어요.

2) 거기도 비가 와? / 여기는 맑아.
→ _____.

3) 책을 잃어버렸는데 어떻게 해야 돼? / 분실물 센터에 가 봐.
→ _____.

4) 뭘 먹고 싶어? / 불고기를 먹고 싶어.
→ _____.

5) 한국 음식을 처음 먹어 보니까 어때? / 너무 맛있어.
→ _____.

6) 주말에 가고 싶은 곳이 있어? / 부산에 갈까?
→ _____.

7) 새로 시작하는 드라마 이름이 뭐야? / 나도 잘 모르겠어.
→ _____.

8) 어제 본 영화는 재미있었어? / 생각보다 재미있어서 놀랐어.
→ _____.

문법과 표현 4 동형 -을까 봐(서)

1. 알맞은 것을 연결하고 문장을 만들어 보세요.

1) 회의 시간에 늦다	•	• 지하철을 타다
2) 시험에 떨어지다	•	• 알람을 맞추고 자다
3) 비빔밥이 맵다	•	• 고추장을 조금만 넣다
4) 배가 아프다	•	• 열심히 공부하다
5) 길이 복잡하다	•	• 매운 음식을 안 먹다

1) 회의 시간에 늦을까 봐 알람을 맞추고 잤어요.
2) _____.
3) _____.
4) _____.
5) _____.

2. 대화를 완성해 보세요.

1) 가: 왜 우산을 가지고 왔어요?
   나: 비가 올까 봐 우산을 가지고 왔어요. (비가 오다)

2) 가: 왜 그렇게 커피를 많이 마셔요?
   나: 수업 시간에 _____. (자다)

3) 가: 왜 이렇게 옷을 많이 입었어요?
   나: 날씨가 _____. (춥다)

4) 가: 왜 그렇게 급하게 뛰어와요?
   나: 약속 시간에 _____. (늦다)

알람을 맞추다 to set the alarm   뛰어오다 to come running

3. 알맞은 것을 넣어서 글을 완성해 보세요.

그리운 나의 고향

나는 작년에 한국에 왔다. 한국에 오기 전에 대학교 입학시험에 1) <u>떨어질까 봐</u> 많이 걱정했다. 다행히 원하는 대학교에 합격해서 한국에 오게 되었다. 출발하는 날 혹시 공항에 늦게 2) _____ 아침도 못 먹고 집을 나와야 했다. 그때 엄마가 만들어 주신 아침을 못 먹고 나온 것이 지금도 아쉽다.

한국에 오고 나서 독감에 걸린 적이 있다. 고향에 계신 부모님이 3) _____ 말은 못 했지만 가족들이 정말 보고 싶었다. 그 후 날씨가 추우면 4) _____ 옷을 따뜻하게 입고 다닌다. 요즘 한국은 겨울이다. 그래서 고향의 따뜻한 날씨가 더욱 그립다.

외국 생활이 힘들 때는 친구들과 함께 찍은 사진을 본다. 함께 찍은 사진을 보면 힘이 난다. 그런데 친구들을 오랫동안 못 만나서 친구들이 나를 5) _____ 걱정이다. 빨리 고향에 돌아가서 친구들을 만나고 싶다.

4. 지금 걱정하고 있는 일에 대해 이야기해 보세요.

저는 졸업 후에 취직을 못 할까 봐 외국어 공부를 열심히 하고 있어요.

| 취직 | 시험 | 가족 |
| 친구 | 날씨 | ? |

다행히 luckily   독감 flu

복습 1

말하기 Speaking

1. 다음 어휘를 설명해 보세요.

1단원

설레다 ☐	자신이 있다/없다 ☐	서투르다 ☐	정이 들다 ☐
떨리다 ☐	만족하다 ☐	적응하다 ☐	잊지 못하다 ☐
낯설다 ☐	인상적이다 ☐		

입학 설명회 ☐	졸업식 ☐	학생증을 발급받다 ☐	강의를 듣다 ☐
입학식 ☐	학과에 지원하다 ☐	개강 모임에 참석하다 ☐	체육 대회에 참가하다 ☐
신입생 환영회 ☐	경제학을 전공하다 ☐		

2단원

소나기가 내리다 ☐	태풍이 올라오다 ☐	안개가 끼다 ☐	(나무가) 쓰러지다 ☐
눈이 그치다 ☐	천둥이 치다 ☐	최고 기온/최저 기온 ☐	(간판이) 떨어지다 ☐
날씨가 개다 ☐	번개가 치다 ☐	영상/영하 ☐	(창문이) 부서지다 ☐
			(건물이) 무너지다 ☐

휴가를 떠나다 ☐	계획을 변경하다 ☐	유람선을 타다 ☐	전시를 관람하다 ☐
국내 여행 ☐	패키지여행 ☐	문화를 체험하다 ☐	그림을 감상하다 ☐
해외여행 ☐	자유 여행 ☐		

3단원

방송되다 ☐	반응이 좋다/나쁘다 ☐	진행을 잘하다 ☐	영상이 멋지다 ☐
즐겨 보다 ☐	화제가 되다 ☐	내용이 지루하다 ☐	눈길을 끌다 ☐
시청률이 높다/낮다 ☐	연기가 뛰어나다 ☐		

뉴스에 나오다 ☐	신기하다 ☐	그럴 리가 없다 ☐	말도 안 되다 ☐
신문에 실리다 ☐	흥미를 느끼다 ☐	그럴 수 있다 ☐	믿어지지 않다 ☐
놀라다 ☐	감동을 주다/받다 ☐	틀림없다 ☐	

2. 각 도시의 날씨를 알아보세요.

가.

서울	방콕	런던
베이징 ☀ -1℃/-9℃	나이로비 ⛈ 25℃/11℃	멜버른 🌧 30℃/16℃

서울은 오늘 날씨가 어떻다고 해요?

눈이 온다고 해요.

나.

서울 🌨 2℃/-10℃	방콕 ☀ 32℃/21℃	런던 ☁ 7℃/2℃
베이징	나이로비	멜버른

베이징은 최저 기온이 몇 도라고 해요?

영하 9도라고 해요.

3. 휴가 계획을 세워 보세요.

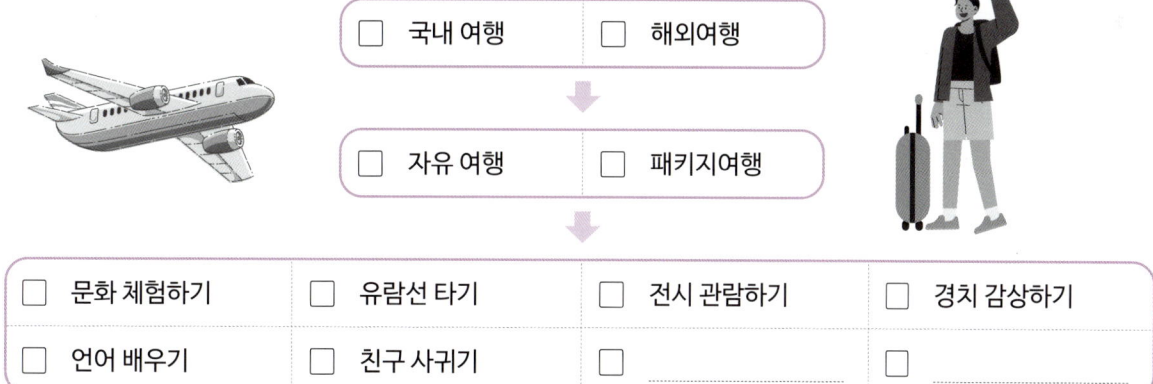

☐ 국내 여행　　☐ 해외여행

⬇

☐ 자유 여행　　☐ 패키지여행

⬇

| ☐ 문화 체험하기 | ☐ 유람선 타기 | ☐ 전시 관람하기 | ☐ 경치 감상하기 |
| ☐ 언어 배우기 | ☐ 친구 사귀기 | ☐ | ☐ |

지난번에 국내 여행을 갔다 왔으니까 이번에는 해외여행을 가는 게 어때요?

좋아요. 요즘 날씨가 추우니까 따뜻한 나라로 떠나고 싶어요.

4. 다음 문법과 표현을 확인해 보세요.

1단원

동-는다고 하다, 형-다고 하다, 명이라고 하다	제니 씨는 한국학을 전공하고 **있다고 해요**.
동-는다고 들었다, 형-다고 들었다, 명이라고 들었다	한국 사람들이 마늘을 많이 **먹는다고 들었어요**.
동-어 보니(까)	3급에서 **공부해 보니까** 정말 재미있어요.
동-어야겠다	저도 한국어를 **배워 봐야겠어요**.

2단원

동-는대(요), 형-대(요), 명이래(요)	일기 예보에서 오늘 눈이 많이 **온대요**.
동형-을 텐데, 명일 텐데	눈이 내리면 길이 **복잡할 텐데** 모임을 취소하는 게 어때요?
명으로 유명하다, 동형-기로 유명하다	제주도는 경치가 **아름답기로 유명해요**.
동-자고 하다	친구가 방학에 제주도로 여행을 **가자고 했어요**.

3단원

동-자마자	뉴스가 **끝나자마자** 제가 좋아하는 드라마가 시작돼요.
동-으라고 하다, 동-지 말라고 하다	친구가 모르는 게 있으면 인터넷으로 **찾아 보라고 했어요**.
동-느냐고 하다/묻다, 형-으냐고 하다/묻다, 명이냐고 하다/묻다	부모님께서 저에게 한국 생활이 **어떠냐고** 물어보세요.
동형-을까 봐(서)	태풍 때문에 여행을 **못 갈까 봐서** 걱정이에요.

5. 문법과 표현을 사용해서 친구와 이야기해 보세요.

1) 부산에 잘 갔다 왔어요? 어땠어요?

2) 왜 이렇게 일찍 출발해요?

3) 여행 가는 날 날씨가 어떤지 알아요?

4) 한국에 오기 전에 한국에 대해 어떤 말을 들었어요?

5) 학교 앞에 새로 생긴 식당에 갔는데 음식이 정말 맛있었어요.

6) 마이클 씨가 내일 왜 고향에 돌아가는지 알아요?

7) 한국 사람한테 자주 듣는 질문이 있어요?

8) 오늘 수업이 끝난 후에 뭘 할 거예요?

9) 이번 방학에 친구들하고 뭐 하기로 했어요?

10) 아까 선생님이 무슨 말씀을 하셨어요?

6. 친구와 이야기해 보세요.

어떻게 하면 유학 생활을 잘할 수 있습니까?

한국어 공부를 마치면 무엇을 하고 싶습니까?

고향에서 날씨 때문에 문제가 생긴 적이 있습니까?

친구가 여러분의 고향을 여행한다고 합니다.
여행을 떠나기 전에 무엇을 준비하라고 하겠습니까?

요즘 고향에서 화제가 되고 있는 드라마나 영화가 있습니까?

흥미로운 뉴스나 기사를 알고 있습니까?

듣기 Listening

[1~2] 다음을 듣고 알맞은 것을 고르세요.

1. ①  ②  ③  ④

2. ① 유학생에게 인기 있는 국내 여행지 ② 한국인이 좋아하는 국내 여행지 ③ 유학생이 많이 사는 도시 ④ 한국인이 자주 가는 해외 도시

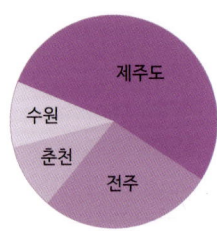  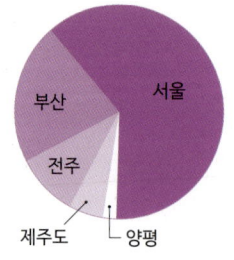 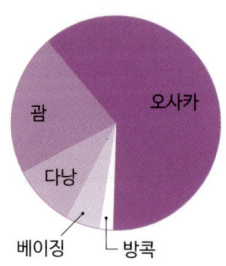

[3~6] 다음을 듣고 질문에 답하세요.

3. 대화를 듣고 이어질 수 있는 말로 가장 알맞은 것을 고르세요.

   ① 그 드라마가 요즘 시청률이 높대요.
   ② 그래요? 그럼 저도 꼭 봐야겠네요.
   ③ 저도 밴드 동아리에 가입해야겠어요.
   ④ 그 드라마의 내용이 정말 지루하겠네요.

4. 대화가 끝난 후 여자가 이어서 할 행동으로 가장 알맞은 것을 고르세요.

   ① 스페인어 수업을 들으러 간다.
   ② 남자의 수강 신청을 도와준다.
   ③ 인터넷으로 수강 신청이 가능한지 확인해 본다.
   ④ 선배한테 인기 있는 과목이 무엇인지 물어본다.

5. 들은 내용과 같은 것을 고르세요.

   ① 축제 때 유명 가수의 공연이 열린다.
   ② 음악 동아리에서 신입생을 모집하고 있다.
   ③ 축제 때 여러 나라의 음식을 사 먹을 수 있다.
   ④ 내일 오후 1시에 무료로 영화를 감상할 수 있다.

 밴드 band   하늘의 별 따기 to ask for the moon   잔디 grass

6. 남자의 중심 생각으로 가장 알맞은 것을 고르세요.

① 최근 감기에 걸리는 사람이 많아지고 있다.
② 날씨가 따뜻해지면 벚꽃을 구경하는 것이 좋다.
③ 요즘 날씨가 춥기 때문에 두꺼운 옷을 입어야 한다.
④ 일교차가 클 때에는 건강 관리에 신경을 써야 한다.

[7~8] 다음을 듣고 질문에 답하세요.

7. 대화가 끝난 후 여자가 이어서 할 행동으로 알맞은 것을 고르세요.

① 일본으로 여행을 떠난다.　　② 일본 라멘을 먹으러 간다.
③ 여행 갈 곳의 날씨를 확인한다.　　④ 일본에서 찍은 사진을 보여 준다.

8. 들은 내용과 같은 것을 고르세요.

① 남자는 전에도 도쿄로 여행을 떠난 적이 있다.
② 남자는 이번 방학 때 해외여행을 떠나려고 한다.
③ 여자는 서울의 여름 날씨가 더울까 봐서 걱정하고 있다.
④ 여자는 맛있는 식당과 공원이 있어서 서울 생활에 만족하고 있다.

[9~10] 다음을 듣고 질문에 답하세요.

9. 대학생들이 대학 생활에 만족하지 못하는 이유로 맞는 것을 고르세요.

① 졸업하기가 너무 어렵다.
② 공부 때문에 아르바이트를 못 한다.
③ 너무 바빠서 새로운 친구를 사귈 시간이 없다.
④ 해야 할 과제가 많고 공부할 시간이 부족하다.

10. 여자의 중심 생각으로 가장 알맞은 것을 고르세요.

① 대학생이 되면 학점에 신경을 써야 한다.
② 대학에서 다양한 경험을 하는 것이 중요하다.
③ 좋은 회사에 취직하기 위해서 열심히 공부해야 한다.
④ 학교에 다니면서 아르바이트를 하면 대학 생활을 즐길 수 있다.

당분간 for the time being　　건강 관리 health management　　신경을 쓰다 to pay attention　　습도 humidity

읽기 Reading

1. 다음을 읽고 무엇에 대한 글인지 고르세요.

> • 도서관은 평일 오전 8시부터 오후 6시까지 문을 엽니다.
> • 학생증을 발급받은 학생만 책을 빌릴 수 있습니다.
> • 책은 1인당 5권까지 빌릴 수 있습니다. (10일 후 한 번 연장 가능)

① 도서관 이용 안내   ② 도서 소개   ③ 도서 구입   ④ 도서 반납 안내

[2~3] 다음을 읽고 글의 내용과 같은 것을 고르세요.

2.

> **한국대학교 경영학과 엠티(MT) 가자!**
> ■ 일시: 3월 15일(목)~3월 16일(금)
> ■ 장소: 춘천
> ■ 회비: 5만 원(식사, 교통비 포함)
>   * 경영학과 학생은 모두 참가할 수 있습니다.
>   * 목요일 오후 1시 학생회관 앞에서 함께 출발합니다.
>
> **프로그램 안내**
> ■ 체육 대회, 바비큐 파티, 장기 자랑, 등산 등….

① 엠티는 사흘 동안 진행된다.
② 엠티 장소까지 각자 가야 한다.
③ 엠티에서 체육 대회와 장기 자랑을 한다.
④ 한국대학교 학생은 모두 엠티에 참가할 수 있다.

3.

> 　최근 날씨가 따뜻해지면서 국내 여행을 떠나는 사람들이 많아지고 있다. 이런 여행객들을 위해서 한국 여행사에서는 3, 4월에 가면 좋은 여행지를 소개하는 여행 박람회를 열고 있다. 박람회에 참석하면 봄에 떠나기 좋은 국내 여행지를 추천받을 수 있다고 한다. 게다가 저렴한 비행기표와 기차표, 숙소를 한 번에 예약할 수 있어서 사람들에게 좋은 반응을 얻고 있다. 이번 박람회에서는 벚꽃으로 유명한 경주와 진해, 유채꽃으로 유명한 제주도 등 다양한 여행 상품을 만나 볼 수 있다고 한다.

① 박람회에서 다양한 해외여행 상품을 추천받을 수 있다.
② 박람회에서 꽃으로 유명한 여행지를 추천받을 수 있다.
③ 박람회에서 겨울에 가면 좋은 여행지를 추천받을 수 있다.
④ 박람회에서 여러 가지 체험을 해 볼 수 있어서 좋은 반응을 얻고 있다.

당 per   연장 extension   반납 return   장기 자랑 talent show   박람회 trade show   게다가 moreover
저렴하다 to be cheap   유채꽃 rapeseed flower

4. 다음을 순서대로 맞게 나열한 것을 고르세요.

> (가) 오늘의 날씨를 알려 드리겠습니다. 오늘은 하루 종일 맑겠습니다.
> (나) 눈이 오면 길이 미끄러울 수 있으니 조심하셔야겠습니다. 지금까지 날씨를 전해 드렸습니다.
> (다) 최고 기온은 영상 8도로 어제와 비슷하겠습니다. 최저 기온은 영하 3도로 어제보다 따뜻하겠습니다.
> (라) 내일은 아침부터 흐려져서 오후에 눈이 오는 곳이 있겠습니다.

① (가) - (라) - (나) - (다) ② (가) - (다) - (라) - (나)
③ (라) - (나) - (가) - (다) ④ (라) - (다) - (나) - (가)

5. 다음 글에서 보기 의 문장이 들어가기에 가장 알맞은 곳을 고르세요.

> 이번 달 '내일의 대학'에서는 중국에서 온 외국인 유학생 양양 씨를 만났다. (㉠) 양양 씨는 한국에서 디자인을 전공하고 있는데 내년에 대학교를 졸업하자마자 대학원에 진학할 거라고 한다. (㉡) 양양 씨는 한국 생활이 외롭고 힘들 때도 있지만 한국 생활에 만족하고 있다고 했다. (㉢) 왜냐하면 한국 친구들 덕분에 잊지 못할 추억을 많이 만들었기 때문이라고 했다. (㉣) 그리고 이번 기회에 친구들에게 꼭 고맙다고 말하고 싶다고 했다.

보기   그리고 대학원 졸업 후에는 고향에 있는 대학교에서 디자인을 가르치는 교수가 되고 싶다고 한다.

① ㉠ ② ㉡ ③ ㉢ ④ ㉣

[6~7] 다음을 읽고 질문에 답하세요.

영화 '가을밤'이 곧 개봉한다. 이 영화는 최근 인기를 끌고 있는 배우 유준서가 나와서 개봉 전부터 화제가 되고 있다. 지난 30일에는 감독과 배우들이 제작 발표회에 참석해서 영화를 소개했다.

이 영화는 조용한 바닷가로 여행을 떠난 남자가 마을 사람들과 정이 들어서 그곳에서 계속 살게 된다는 내용이다. 멋진 영상과 배우들의 뛰어난 연기가 영화를 보는 내내 큰 감동을 준다.

배우 유준서는 주인공 역할이 처음이라서 (   ) 걱정이 많았다고 했다. 그런데 다른 배우들의 도움으로 편안하게 연기할 수 있었다고 하면서 고맙다고 말했다. 그리고 관객들에게 꼭 영화를 봐 달라고 부탁했다.

6. (   )에 들어갈 내용으로 가장 알맞은 것을 고르세요.

① 내용이 지루할까 봐
② 흥미를 느낄까 봐
③ 연기를 잘 못할까 봐
④ 배우들과 사이가 안 좋을까 봐

7. 이 글의 내용과 같은 것을 고르세요.

① 이 영화에는 유명한 감독이 나온다.
② 이 영화는 30일에 제작 발표회를 했다.
③ 이 영화는 바닷가로 여행을 떠난 남녀의 사랑 이야기다.
④ 이 영화에는 유명한 가수가 나와서 개봉 전부터 화제가 되고 있다.

개봉하다 to release   제작 발표회 production premiere   내내 throughout   역할 role

[8~9] 다음을 읽고 질문에 답하세요.

최근 여행 콘텐츠가 인기를 끌고 있다. 직접 여행을 다니면서 숨은 장소를 소개해 주는 콘텐츠가 여행을 좋아하는 사람들에게 화제가 되고 있다. 오지에서 살아 보는 체험을 하거나 비행기나 호텔을 이용한 후 후기를 소개하는 영상도 좋은 반응을 얻고 있다. 또 캠핑이나 여행지에서 한 달 살기 등 새로운 여행 방식을 소개하는 영상도 인기가 많다.

구독자들에게 ㉠**이런 콘텐츠**가 인기를 끌고 있는 이유가 뭐냐고 물었다. 영상을 보면 직접 여행을 하는 것 같아서 즐겨 본다는 대답이 많았다. 또 여행 계획을 세울 때 도움이 되기 때문에 여행 영상을 자주 찾아본다고 말했다. 아름다운 풍경을 볼 수 있기 때문에 여행 콘텐츠를 즐겨 본다는 사람도 많았다.

매년 여행을 떠나는 사람들이 늘고 있다고 한다. 앞으로도 여행 콘텐츠의 인기는 계속될 것으로 보인다.

8. 밑줄 친 '㉠**이런 콘텐츠**'가 무엇을 말하는지 고르세요.

   ① 여행 상품을 소개해 주는 콘텐츠
   ② 여행지의 날씨를 알려 주는 콘텐츠
   ③ 다른 나라의 문화를 소개해 주는 콘텐츠
   ④ 직접 여행을 다니면서 여행지를 소개해 주는 콘텐츠

9. 이 글의 중심 내용을 고르세요.

   ① 여행을 떠나기 전에 여행 소개 영상을 보는 것이 좋다.
   ② 여행 콘텐츠의 구독자는 대부분 여행을 자주 다니는 사람들이다.
   ③ 여행 콘텐츠의 인기 덕분에 여행을 떠나는 사람들이 많아지고 있다.
   ④ 여행에 관심이 있는 사람들 사이에서 여행 콘텐츠의 인기가 높아지고 있다.

숨다 to hide   오지 remote area   대부분 majority

쓰기 Writing

1. 알맞은 것을 골라서 써 보세요.

> 떨리다   적응하다   참석하다   참가하다
> 전공하다   쓰러지다   개다   끼다   정이 들다

1) 지금 안개가 심하게 _____ 다고 들었어요. 앞이 잘 안 보일 수도 있으니까 운전할 때 조심하세요.

2) 마이클 씨가 고향에 돌아간대요. 그동안 _____ 는데/(으)ㄴ데 헤어지기가 정말 아쉬워요.

3) 대학생이 길에서 _____ 고등학생을 구했다는 기사가 신문에 실렸어요.

4) 조금 전까지 비가 내렸는데 날씨가 금방 _____ 네요.

5) 친척 결혼식에 _____ 아야/어야 해서 어제 급하게 양복을 샀어요.

6) 내일 중요한 면접시험이 있는데 너무 _____ 아서/어서 잠이 안 와요.

2. 반대되는 말을 찾아서 연결하고 문장을 완성해 보세요.

1) 내리다   • • 흥미를 느끼다
2) 졸업식   • • 계획을 변경하다
3) 계획을 세우다   • • 입학식
4) 지루하다   • • 그치다

1) 조금 전까지 소나기가 _____ 다가 지금은 _____.

2) 2월에 _____ 이/가 끝나면 3월에는 신입생을 위한 _____ 이/가 열린다.

3) 여행 _____ 지만 회사에 급한 일이 생겨서 _____.

4) 시골에 사는 조카가 학교생활이 _____ 다고 해서 기타를 선물해 줬는데 _____ 는/(으)ㄴ 것 같다.

3. 알맞은 표현을 골라서 대화를 완성해 보세요.

> -을까 봐(서)   -어 보니(까)   -을 텐데
> -어야겠다   -기로 유명하다   -다고/자고/라고/냐고 하다

1) 가: 왜 우산을 가지고 왔어요?
   나: _____

2) 가: 지은 씨도 같이 공연을 보러 가면 좋겠어요.
   나: _____

3) 가: 방학 때 제주도로 여행을 가기로 했어요. 제주도에 가서 뭘 하면 좋을까요?
   나: _____

4) 가: 이번 시험이 아주 어려울 거예요.
   나: _____

5) 가: 내일 친구들하고 바다에서 수영할까요?
   나: _____

6) 가: 우리 과 엠티를 언제 가는지 좀 가르쳐 주세요.
   나: 글쎄요. _____

7) 가: 한국어 공부가 어때요?
   나: _____

4. 틀린 부분을 찾아서 맞게 고쳐 보세요.

1) 떡볶이를 먹어 봤으니까 맵지 않고 맛있었어요. ➡ _____

2) 수업 시간에 졸 텐데 커피를 마셨어요. ➡ _____

3) 후배한테 신입생 환영회에 꼭 참석할 거예요. ➡ _____

5. 고향의 여행지를 소개하는 글을 200~300자로 쓰세요.

❶ 여행을 떠나기 좋은 계절은 언제입니까?
❷ 꼭 가 봐야 하는 곳이 있습니까? 왜 그곳을 추천하고 싶습니까?
❸ 거기에서 먹어 봐야 하는 음식이 있습니까?
❹ 그곳에서 해 보면 좋은 것이 있습니까?

발음 Pronunciation

🎧 잘 들어 보세요.

❶ 독서 동아리가 **좋다고** 들었어.
❷ **겉옷을** 가지고 가야겠네요.
❸ **시청률**이 높다고 들었어요.

🎧 잘 듣고 따라 해 보세요.

❶ 제 동생은 마음씨가 정말 **착해요**.
❷ 냉장고를 **부엌 안**에 놓아 주세요.
❸ **음료수** 자판기가 어디에 있는지 알아요?

🎧 잘 듣고 친구와 연습해 보세요.

❶ 가: 내일 **입학** 설명회가 열린대요.
　나: 그래요? 꼭 **참석해야겠어요**.

❷ 가: 학교에 **입학한** 지 한 달이 지났어.
　나: 벌써 **그렇게** 됐어? 시간이 참 빠르네.

❸ 가: 왜 이사를 하려고 해요?
　나: **앞 아파트** 때문에 햇빛이 잘 안 들어와서요. 밝은 곳에서 살고 싶어요.

❹ 가: **등록금**을 내러 은행에 가야 하는데 가까운 은행이 어디에 있는지 알아요?
　나: 버스 **정류장** 앞에 은행이 하나 있어요.

4

약속과 만남 Plans & Meetups

- **4-1** 약속
- **4-2** 모임 장소

4-1	어휘	약속
	문법과 표현	아무 명도
		명이나
4-2	어휘	장소
	문법과 표현	피동(-이/히/리/기-)

어휘 Vocabulary

1. 그림을 보고 알맞은 것을 골라서 대화를 완성해 보세요.

> 한산하다   붐비다   가득하다   텅 비다

1)
가: 점심시간인데 가게에 손님이 별로 없네요.
나: 음식이 맛있기로 유명한 식당인데 오늘은 __한산하네요__.
비가 와서 그런 것 같아요.

2)
가: 가방 안에 책이 _____ 네요.
나: 요즘 시험 기간이라서 공부할 게 많아요.

3)
가: 지난주까지 학교가 _____ 는데/(으)ㄴ데 오늘은 정말 조용하네요.
나: 방학을 해서 그런 것 같아요.

4)
가: 이따가 저하고 같이 영화 보러 갈래요?
나: 미안해요. 오늘은 퇴근하자마자 장을 보러 가야 돼요. 냉장고가 _____ 아서/어서 먹을 게 하나도 없거든요.

2. 그림을 보고 대화를 완성해 보세요.

가게 안이 손님들로 1) __붐비네요__.

저기 좀 보세요. 빵이 벌써 다 팔렸나 봐요. 빵을 놓아둔 선반이 2) _____.

제가 왔을 때는 가게에 빵이 3) _____ 는데/(으)ㄴ데 주말이라서 손님이 많이 온 것 같아요. 어떡하죠?

아쉽네요. 내일 아침에 다시 와 봐야겠어요. 아침에는 좀 4) _____ 겠지요.

3. 알맞은 것을 골라서 문자 메시지를 완성해 보세요.

> 미루다   잡다   연기되다   취소되다

지금 태풍이 올라오고 있대요. 우리 등산 모임 일정을 1) **미뤄야겠어요**.

네. 내일 등산을 하는 건 위험할 것 같아요. 계획이 2) _____ (으)니까 민수 씨에게 빨리 연락해 주는 게 좋겠어요.

방금 민수 씨한테서 문자가 왔어요. 등산은 다음에 가는 게 어떠냐고 하네요. 제가 이번 주 등산 모임이 3) _____ 다고 알려 줄게요.

고마워요. 저는 다음 주말도 괜찮으니까 민수 씨한테 언제 시간이 되느냐고 물어봐 주세요. 약속 시간을 다시 4) _____ (으)면 알려 주세요.

4. 알맞은 것을 골라서 글을 완성해 보세요.

> 정하다   지키다   어기다

고민 상담 119

안녕하세요? 저에게는 오랫동안 알고 지낸 친구가 있습니다. 그 친구는 성격이 활발하고 재미있습니다. 그런데 그 친구에게 단점이 하나 있습니다. 그 친구가 약속을 잘 1) _____ 지 않습니다. 자기가 2) _____ 약속도 잊어버립니다. 앞으로는 그러지 말라고 몇 번이나 이야기해 보려고 했습니다. 그런데 약속을 3) _____ (으)ㄴ 후에 친구가 항상 먼저 미안하다고 해서 말하지 못했습니다. 저는 어떻게 하면 좋을까요?

↳ 저도 비슷한 고민을 한 적이 있어요. 그때….

방금 just now

문법과 표현 ① 아무 명도

1. 대화를 완성해 보세요.

    1) 가: 방학에 무슨 특별한 계획이 있어요?
       나: 아니요. 아직 <u>아무 계획도</u> 없어요.

    2) 가: 천둥이 치는 걸 보니까 비가 올 것 같아요.
       나: 방금 천둥이 쳤어요? 저는 _____ 못 들었는데요.

    3) 가: 요즘 왜 학교에 안 나와요? 무슨 일 있어요?
       나: 아니요. _____ 없어요. 고향 친구가 놀러 와서 좀 바빴어요.

    4) 가: 이번 연휴에 고향에 돌아갈 거예요?
       나: 아니요. 비행기표를 못 구했어요. 그래서 _____ 안 가고 집에서 쉬려고 해요.

2. 알맞은 것을 골라서 문자 메시지를 완성해 보세요.

   > 아무 약속도   아무도   아무 데도   아무것도

    지난 주말에 뭐 했어요?

   약속이 있었는데 취소됐어요. 그래서 다른 약속을 잡으려고 했지만 친구들이 다 바쁘다고 해서 1) _____ 못 만났어요.

   그럼 주말 동안 집에만 있었겠네요.

   네. 2) _____ 안 가고 집에서 영화만 봤어요. 안나 씨는요?

   저도 주말에 3) _____ 없었어요. 그런데 나나 씨가 바쁠까 봐서 일부러 연락을 안 했어요.

   그랬군요. 어제 저도 4) _____ 안 하고 집에 있었는데 아쉽네요. 다음에는 꼭 만나요.

    일부러 deliberately

3. 알맞은 것을 골라서 대화를 완성해 보세요.

> 아무하고도   아무에게/한테도   아무 데(서)도

1) 가: 방금 누구하고 이야기했어요? 밖에서 대화하는 소리를 들었는데요.
   나: 네? 방에 저 혼자 있었어요. _____ 이야기하지 않았어요.

2) 가: 혹시 새로 나온 나다스 운동화를 샀어요? 사고 싶었는데 _____ 안 팔아요.
   나: 저도 못 샀어요. 인기가 많아서 나오자마자 품절이 됐대요.

3) 가: 아까 리나 씨랑 무슨 이야기를 했어요?
   나: 미안해요. 리나 씨가 _____ 이야기하지 말라고 했어요.

4. 다음과 같은 사람을 반 친구들 중에서 찾아보세요.

> 아침에 아무것도 안 먹은 사람

> 주말에 아무 데도 안 간 사람

> 요즘 아무 걱정도 없는 사람

> 주말에 아무 약속도 없는 사람

> ?

줄리 씨, 오늘 아침에 뭘 먹었어요?

저는 오늘 아무것도 못 먹었어요.

아침에 아무것도 안 먹은 사람은 줄리 씨예요.

품절이 되다 to be sold out

문법과 표현 2 명이나

1. 대화를 완성해 보세요.

   1) 가: 오랜만이에요. 잘 지냈어요?
      나: 네. 시간이 있으면 같이 <u>차나 마실까요</u>? (차, 마시다)

   2) 가: 심심한데 뭐 하지?
      나: 그럼 같이 _____? (영화, 보다)

   3) 가: 벌써 6시네요. 오늘 바빠서 아무것도 못 먹었는데….
      나: 정말이에요? 그럼 같이 _____? (밥, 먹다)

   4) 가: 히엔 씨가 파티 음식 준비를 다 했다고 하네요.
      나: 그럼 _____? (케이크, 사 가다)

   5) 가: 영화가 시작하려면 40분쯤 남았는데 뭘 하면서 기다리면 좋을까요?
      나: 그냥 여기 앉아서 _____? (게임, 하다)

2. 그림을 보고 대화를 완성해 보세요.

   1)
      가: 휴가 때 뭘 할 거예요?
      나: 그냥 집에서 <u>책이나 읽으려고 해요</u>.

   2)
      가: 이번 주 토요일에 지연이 생일 파티에 올 거야?
      나: 그날 일이 생겨서 파티에 못 갈 것 같아. 그래서 미리 만나서 선물을 줬어. 생일날에는 그냥 _____.

3)

가: 주말에 뭘 할 거예요?

나: 그냥 집에서 _____.

4)

가: 점심에 뭘 먹을 거예요?

나: 일이 많아서 간단하게 _____.

5)

가: 방학 때 어디로 여행을 갈 거야?

나: 아르바이트 때문에 멀리는 못 갈 것 같아.
그래서 _____.

3. 그림을 보고 약속을 정해 보세요.

주말에 뭐 할 거예요?

그럼 저하고 같이 한강에서 자전거나 탈래요?

아직 아무 계획도 없어요. 그냥 집에서 영화나 보려고 해요.

네. 좋아요. 몇 시에 만날까요?

1)

2)

3)

4)

간단하다 to be simple

어휘 Vocabulary

1. 알맞은 것을 골라서 댓글을 완성해 보세요.

> ⟨저렴하다⟩ 다양하다   신선하다   입에 맞다

미나 Q. 제가 어제 학교 근처로 이사를 왔는데요.
근처에 맛있는 식당이 있으면 소개해 주세요.   댓글 3

↳ **지연** 지하철역 3번 출구 앞에 '빨간떡볶이'라는 식당이 있는데 가격이 1) 저렴하고
메뉴가 2) _____ 아서/어서 동네 사람들한테 인기가 많아요.

↳ **마이** 혹시 베트남 음식을 좋아하면 '베트남의 아침'에 가 보세요.
저는 그 식당 음식이 3) _____ 아서/어서 일주일에 한 번은 꼭 가요.

↳ **민호** 대학초등학교 앞에 있는 샐러드 가게가 맛있기로 유명해요.
4) _____ 재료로 만들어서 맛도 좋고 건강에도 좋아요.

2. 그림을 보고 알맞은 것을 골라서 카페 후기를 완성해 보세요.

> 깔끔하다   편안하다   훌륭하다

↳ **크리스** '정원카페'는 제가 외롭고 힘들 때 자주 가는 곳이에요.
1) _____ 소파에 앉아서 조용한 음악을 들으면
스트레스가 풀려요.

↳ **마리** '정원카페'는 넓고 2) _____ 인테리어로 유명해요.
가게가 넓어서 답답하지 않고 깨끗해서 정말 마음에 들어요.

↳ **하이** 커피도 맛있고 직원들의 서비스도 매우 3) _____.
다음에 다시 방문하고 싶어요.

정원 garden   인테리어 interior

3. 알맞은 것을 골라서 대화를 완성해 보세요.

> 아늑하다   평범하다   다양하다   입에 맞다
> 훌륭하다   깔끔하다   저렴하다   특이하다

1) 가: 이 카페가 정말 마음에 들어. 케이크도 맛있고 분위기도 정말 좋다.
   나: 맞아. 나는 사람들로 붐비는 넓은 카페보다 작지만 따뜻하고 <u>아늑한</u> 분위기의 카페가 좋아.

2) 가: 저 식당은 항상 사람들로 붐비네요.
   나: 인터넷에서 봤는데 음식이 맛있고 가격이 _____ 아서/어서 인기가 많대요.

3) 가: 지연 씨가 직접 만든 샌드위치예요? 정말 맛있어요.
   나: 제가 만든 음식이 _____ 아서/어서 다행이네요. 다음에 또 만들어 올게요.

4) 가: 미나 씨에게 잘 어울리는데 왜 이 옷을 안 사요?
   나: 색깔이 너무 튀고 디자인도 좀 _____ 아서/어서요. 저는 회사 면접을 보러 갈 때 입을 옷을 찾고 있어요.

5) 가: 아버지 생신이라서 함께 저녁 식사를 하려고 하는데 어디에서 먹는 게 좋을까요?
   나: 뷔페에 모시고 가는 게 어때요? 음식이 _____ 아서/어서 부모님이 좋아하실 거예요.

6) 가: 나중에 어떤 사람을 사귀고 싶어요?
   나: 저는 외모나 능력이 뛰어난 사람보다는 _____ 지만 성격이 좋은 사람을 만나고 싶어요.

7) 가: 집들이에 초대해 줘서 고마워요. 집이 정말 _____ 네요.
   나: 물건이 별로 없어서 그래요. 오늘 손님이 오신다고 해서 어제 청소도 열심히 했어요.

8) 가: 나중에 커서 어떤 사람이 되고 싶어?
   나: 저는 _____ 작가가 되는 게 꿈이에요. 나중에 유명한 작가가 돼서 노벨 문학상을 받고 싶어요.

색깔이 튀다 color stands out   뷔페 buffet   능력 capability   노벨 문학상 Nobel Prize in Literature

문법과 표현 3 : 피동(-이/히/리/기-)

1. '-이/히/리/기-'를 사용해서 피동사를 만들어 보세요.

1) 보다 ➡ 보이다
2) 풀다 ➡ _____
3) 팔다 ➡ _____
4) 막다 ➡ _____
5) 잠그다 ➡ _____
6) 열다 ➡ _____
7) 끊다 ➡ _____
8) 안다 ➡ _____
9) 잡다 ➡ _____
10) 듣다 ➡ _____
11) 닫다 ➡ _____
12) 쓰다 ➡ _____
13) 읽다 ➡ _____
14) 쫓다 ➡ _____
15) 바꾸다 ➡ _____
16) 걸다 ➡ _____
17) 놓다 ➡ _____
18) 담다 ➡ _____

2. '-이/히/리/기-'가 들어간 피동사를 사용해서 문장을 완성해 보세요.

1) 출근 시간에는 항상 길이 <u>막히니까</u> 일찍 출발하는 게 좋겠어요. (막다)
2) 바다가 _____ 방으로 예약해 주세요. (보다)
3) 방금 뭐라고 하셨어요? 주변이 시끄러워서 잘 안 _____. (듣다)
4) 엘리베이터 안이라서 전화가 자꾸 _____네요. 제가 내려서 다시 걸게요. (끊다)
5) 조용한 음악을 들으면서 명상을 하면 스트레스가 _____. (풀다)

명상 meditation

3. 알맞은 것을 골라서 문장을 완성해 보세요.

> 읽다   듣다   팔다   쫓다

1) '약속'이라는 책이 쉽고 재미있어서 잘 읽혀요 .

2) 고양이 한 마리가 강아지한테 _____ 고 있어요.

3) 이 책은 베스트셀러예요. 우리 서점에서 한 달 동안 제일 많이 _____ .

4) 방금 무슨 소리 못 들었어요? 밖에서 계속 이상한 소리가 _____ .

4. 그림을 보고 문장을 완성해 보세요.

1) 방 창문이 열려 있어요.

2) 방문이 _____ 있어요.

3) 게시판에 '삼성역, 토요일 2시'라고 _____ 있어요.

4) 책상 위에 책하고 지갑, 휴대폰이 _____ 있어요.

5) 고양이가 남자에게 _____ 있어요.

6) 벽에 그림이 _____ 있어요.

5. 알맞은 것을 골라서 대화를 완성해 보세요.

> (잠그다)   바꾸다   잡다   끊다

1) 가: 왜 안 들어가고 밖에 서 있어요?
   나: 문이 잠겨 있어서 못 들어갔어요.

2) 가: 이번 주 토요일에 서울역에서 만나기로 한 거 잊지 않았지요?
   나: 연락 못 받았어요? 우리 약속 장소가 용산역으로 _____.

3) 가: 에릭 씨, 방금 뭐라고 했어요? 통화가 계속 _____ 네요.
   나: 정말요? 저는 잘 들리는데 이상하네요.

4) 가: 오랜만에 낚시하러 오니까 기분이 좋아요.
   나: 저도 그래요. 물고기가 많이 _____ 았/었으면 좋겠네요.

6. 알맞은 것을 고르세요.

가족들과 일주일 동안 제주도로 여행을 다녀왔다. 출발하기 전에 문이 잘 1) (잠가 / (잠겨)) 있는지 여러 번 확인했다. 비가 올까 봐서 떠나기 전에 창문도 잘 2) (닫았다 / 닫혔다). 그런데 돌아와 보니 현관문이 3) (열어 / 열려) 있었다. 깜짝 놀라서 집에 들어가 보니 집에는 아무도 없었다. 아무래도 도둑이 든 것 같았다. 나는 바로 112에 신고를 했다. 전화를 받은 경찰은 전화를 4) (끊자마자 / 끊기자마자) 우리 집으로 경찰을 보내겠다고 했다. 그리고 나한테 없어진 물건이 있는지 확인해 보라고 했다. 그런데 내 노트북이 5) (보지 / 보이지) 않았다. 내 노트북이 책상 위에 6) (놓아 / 놓여) 있었는데 아무 데도 없었다. 그리고 서랍 안에 목걸이와 반지, 시계가 들어 있었는데 모두 없어져서 너무 속상했다. 경찰에서 찾고 있지만 아직 도둑은 7) (잡지 / 잡히지) 않았다. 현관문 비밀번호를 8) (바꿨지만 / 바뀌었지만) 도둑이 다시 올까 봐 아직도 무섭다. 도둑을 빨리 9) (잡았으면 / 잡혔으면) 좋겠다.

물고기 fish   현관문 front door   아무래도 anyhow   도둑이 들다 to be robbed   서랍 drawer   목걸이 necklace

7. 그림을 보고 '-이/히/리/기-'를 사용해서 이야기해 보세요.

5

음식과 조리법 Food & Recipes

5-1 좋아하는 음식

5-2 조리법

5-1	어휘	맛
	문법과 표현	누구나, 언제나, 어디나, 무엇이나
		동형-을 줄 모르다
5-2	어휘	조리법
	문법과 표현	동형-어야, 명이어야
		동형-거든(요), 명이거든(요)

어휘 Vocabulary

1. 알맞은 것을 골라서 대화를 완성해 보세요.

> 고소하다   매콤하다   싱겁다   느끼하다

1)
   가: 방금 비빔밥에 넣은 게 뭐예요?
   나: 참기름이에요. 비빔밥에 _____ 참기름을 넣으면 더 맛있어요.

2)
   가: 오늘 점심에는 뭘 먹으면 좋을까요? 저는 _____ 음식이 먹고 싶어요.
   나: 그럼 떡볶이를 먹는 게 어때요? 회사 근처에 유명한 떡볶이 맛집이 있어요.

3)
   가: 이따가 치킨 시켜 먹을까?
   나: 점심에 삼겹살을 먹어서 _____ 음식은 별로 먹고 싶지 않아.

4)
   가: 왜 설렁탕에 소금을 안 넣어요?
   나: 저는 건강을 생각해서 음식을 _____ 게 먹어요.

참기름 sesame oil   설렁탕 ox bone soup

2. 알맞은 것을 골라서 대화를 완성해 보세요.

입이 심심하다 바삭하다 쫄깃하다 연하다 질기다 출출하다

1) 가: <u>입이 좀 심심한데</u> 우리 간식이나 먹을까요?
   나: 네. 좋아요. 냉장고에 케이크가 있는데 좀 드실래요?

2) 가: 너는 왜 그렇게 떡을 좋아해?
   나: _____고 맛있어. 그리고 바쁠 때 빠르고 편하게 먹을 수 있어서 좋아.

3) 가: 스테이크가 입에 맞으세요?
   나: 고기를 너무 많이 익힌 것 같아요. 좀 _____네요.

4) 가: 해물파전이나 부쳐 먹을까?
   나: 좋아. 냉장고에 재료가 있을 거야. _____게 부쳐서 먹자.

5) 가: 삼계탕을 먹어 본 적이 있어요?
   나: 네. 고기가 _____고 부드러워서 맛있게 먹었어요.

6) 가: 김밥 좀 드실래요?
   나: 그럼 그럴까요? 점심을 일찍 먹어서 좀 _____네요.

익히다 to cook   해물파전 sea food green onion pancake   부치다 to fry   부드럽다 to be soft/tender

문법과 표현 1 — 누구나, 언제나, 어디나, 무엇이나

1. 알맞은 것을 골라서 광고를 완성해 보세요.

> 누구나   언제나   어디나   무엇이나

1) 차 안에서 나는 냄새 때문에 고민이신가요?
이 제품을 사용해 보세요.
여러분의 차 안에서 _____
기분 좋은 향기가 날 거예요.

2) 배우처럼 멋진 헤어스타일을 원하십니까?
지금 바로 저희 미용실에 방문해 주세요.
저희 미용실에서는 _____
멋진 배우처럼 만들어 드립니다.

3) 다음 달부터 기차를 타고
전국을 여행할 수 있는 열차표를 판매합니다.
이 열차표만 있으면
기차가 다니는 곳 _____
갈 수 있습니다.

4) 한국 여행을 준비하고 계십니까?
여행할 때 필요한 것은 _____ 다
저희가 대신 준비해 드립니다.

2. 대화를 완성해 보세요.

1) 가: 어떤 음악을 들을까요?
   나: 저는 어떤 음악이나 다 괜찮아요_____.

2) 가: 무슨 운동을 잘해요?
   나: _____.

3) 가: 좋아하는 영화가 있어요?
   나: 저는 무섭지 않은 영화는 _____.

4) 가: 어느 나라로 여행을 가고 싶어요?
   나: 저는 여행을 좋아해서 _____.

향기가 나다 to have a scent

3. 알맞은 것을 골라서 대화를 완성해 보세요.

> 누구에게/한테나   누구하고나   어디(에)서나

1) 가: 이 옷이 누구에게 잘 어울릴까요?
   나: 디자인이 평범해서 _____.

2) 가: 어디에서 한국어 책을 살 수 있어요?
   나: 한국어 책은 _____.

3) 가: 우리 반 친구 중에서 누구하고 친해요?
   나: 저는 성격이 활발해서 _____.

4. 다음 내용을 친구와 이야기해 보세요.

| 내가 되고 싶은 사람은 | 언제나 / 누구에게나 / 무엇이나 / 어디(에)서나 | _____은/는 사람이다. |

| 내가 좋아하는 사람은 | | _____은/는 사람이다. |

어떤 사람이 되고 싶어요?

어떤 사람을 좋아해요?

저는 누구에게나 친절한 사람이 되고 싶어요. 그리고….

저는 무엇이나 잘 먹는 사람을 좋아해요. 또….

문법과 표현 2 동/형 -을 줄 모르다

1. 그림을 보고 대화를 완성해 보세요.

1)
가: 이번 공연은 볼거리가 정말 많네요.
나: 네. 공연이 이렇게 재미있을 줄 몰랐어요.

2)
가: 하루 종일 비가 내리네요.
나: 네. _____.

3)
가: 가수 로미의 새 노래를 들어 봤어요?
나: 네. _____.

4)
가: 배우 김주빈 씨를 직접 보니까 정말 멋있네요.
나: 네. _____.

5)
가: 김치를 처음 먹었을 때 어땠어요?
나: _____.

6)
가: 저분이 박 선생님이세요.
나: 학생처럼 보여서 _____.

2. 대화를 완성해 보세요.

1) 가: 우리 같이 수영하러 가요.
   나: 어떡하죠? 저는 <u>수영할 줄 모르고</u> 수영복을 안 챙겨 왔는데요.

2) 가: 왜 옷이 다 젖었어요?
   나: 오늘 _____ 우산을 안 가져왔어요.
   역에서 여기까지 뛰어왔어요.

3) 가: 책을 안 가지고 왔어요?
   나: 첫날이라서 _____ 안 가져왔어요.

4) 가: 날씨가 쌀쌀한데 왜 이렇게 얇게 입었어요?
   나: 날씨가 _____ 겉옷을 안 가져왔어요.

5) 가: 왜 이렇게 늦게 왔어요?
   나: 정말 미안해요. 길이 _____ 버스를 탔어요.
   다음부터 지하철을 타야겠어요.

3. 다음에 대해 친구와 이야기해 보세요.

| 장소 | 교통 | 음식 |
| 사람 | 날씨 | ? |

저는 인천 공항이 그렇게 넓을 줄 몰랐어요.

서울에서 부산까지 KTX(케이티엑스)를 탔는데 KTX가 그렇게 빠를 줄 몰랐어요.

어휘 Vocabulary

1. 알맞은 것을 연결하고 문장을 완성해 보세요.

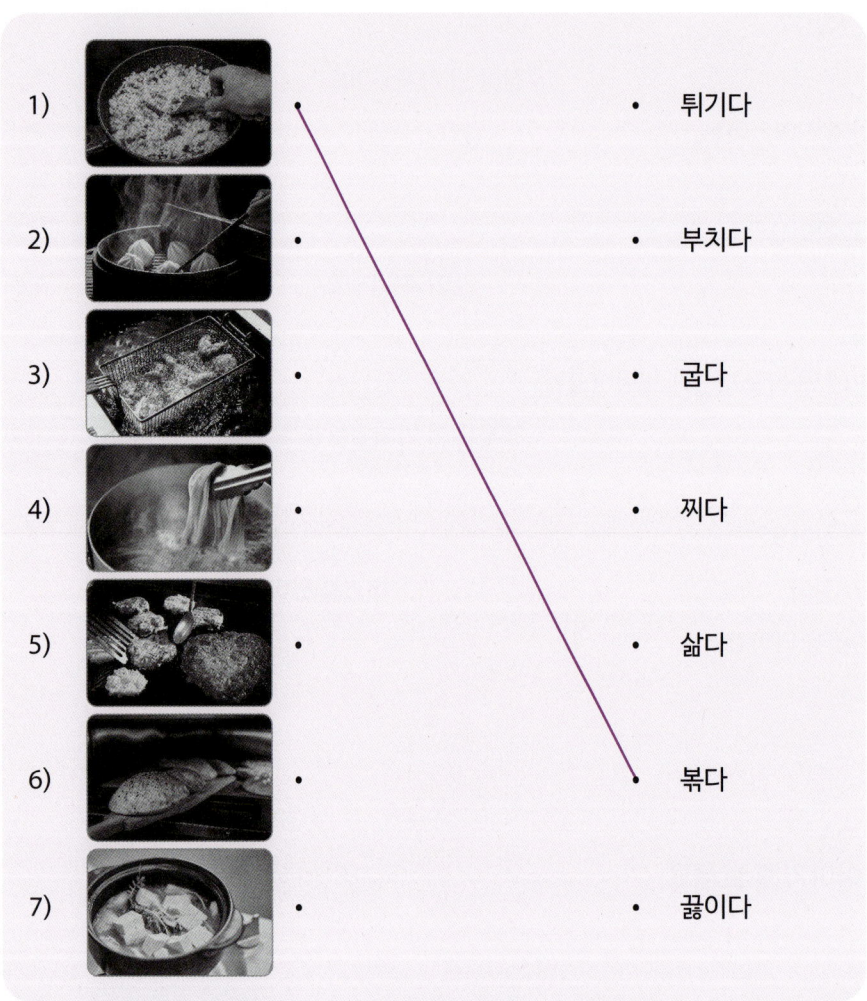

1) 김치볶음밥을 만들려면 먼저 프라이팬에 김치와 야채를 넣고 잘   볶아야 돼요 .

2) 출출한데 만두나 _____ 아서/어서 먹을까요?

3) 저는 기름에 _____ 음식은 별로 안 좋아해요.

4) 면은 보통 7~8분 정도 _____ (으)면 다 익어요.

5) 비가 오는 소리가 정말 파전을 _____ 소리와 비슷하네요.

6) 빵집 앞을 지날 때마다 빵 _____ 냄새가 나는데 정말 좋아요.

7) 어머니가 _____ 된장찌개가 먹고 싶어요.

익다 to be cooked

2. 그림을 보고 대화를 완성해 보세요.

> 썰다   다지다   다듬다   섞다   젓다

1) 가: 감자를 씻어서 가져왔어요. 이제 뭘 하면 될까요?
   나: 작게 __썰어__ 주세요.

2) 가: 제가 뭘 도와드리면 될까요?
   나: 그럼 이 파를 좀 _____ 아/어 주세요.

3) 가: 한국 음식에 많이 들어가는 재료가 있어요?
   나: 요리할 때 _____ 마늘을 많이 사용해요.

4) 가: 유자차에서 아무 맛도 안 나는데요?
   나: 유자차는 잘 _____ 아서/어서 드셔야 해요.

5) 가: 빵 만드는 방법을 가르쳐 주세요.
   나: 먼저 밀가루에 소금과 버터를 넣고 잘 _____.

3. 친구들을 인터뷰해 보세요.

	친구:	친구:
1) 좋아하는 음식		
2) 그 음식을 만드는 방법		
3) 그 음식을 더 맛있게 먹는 방법		

- 어떤 음식을 좋아해요?
- 저는 매콤한 떡볶이를 좋아해요.
- 그 음식을 어떻게 만들어요?
- 먼저 프라이팬에 야채와 떡을 넣고 볶아요. 그다음에 물과 고추장 양념을 넣고 끓이면 돼요.
- 더 맛있게 먹는 방법이 있어요?
- 떡볶이 위에 치즈를 뿌려서 먹으면 더 맛있어요.

유자차 citron tea   뿌리다 to sprinkle

문법과 표현 3 동형-어야, 명이어야

1. 다음을 보고 대화를 완성해 보세요.

1)
출발 두 시간 전에는 공항에 도착하셔야 합니다.

가: 출발하기 한 시간 전까지 공항에 가면 되겠지요?
나: 아니요. 두 시간 전에는 도착해야 비행기를 탈 수 있어요.

2)
불고기 양념에 과일을 꼭 넣으세요. 고기가 연해집니다.

가: 불고기를 만들려고 하는데요. 어떻게 하면 고기가 연해질까요?
나: _____.

3)
환불을 원할 경우, 상품을 받은 후 7일 이내에 신청해 주시기를 바랍니다.

가: 물건을 산 지 10일이 지났는데 환불을 받을 수 있을까요?
나: 아니요. _____.

4)
병원에 오시기 전에 반드시 예약을 해 주시기 바랍니다.

가: 저 내일 병원에 가려고 하는데 예약하지 않아도 되겠지요?
나: 아니요. _____.

5)
수영장에 들어가실 때에는 수영 모자를 꼭 써 주시기 바랍니다.

가: 수영 모자가 없는데 수영장에 들어갈 수 있나요?
나: 아니요. _____.

반드시 must

2. 대화를 완성해 보세요.

1) 가: 누구나 입장권 할인을 받을 수 있어요?
   나: 아니요. <u>학생이어야 할인을 받을 수 있어요</u>. (학생)

2) 가: 이 영화를 중학생들도 볼 수 있어요?
   나: 아니요. _____. (성인)

3) 가: 회사 근처에 도서관이 생겼다고 들었어요. 저도 책을 빌릴 수 있을까요?
   나: 아니요. _____. (동네 주민)

4) 가: 우리 아이가 이 놀이 기구를 탈 수 있을까요?
   나: 아니요. _____. (130cm 이하)

5) 가: 누구나 이 대회에 참가할 수 있어요?
   나: 아니요. _____. (외국인)

3. 알맞은 것을 골라서 글을 완성해 보세요.

듣다   입다   들어가다   신경을 쓰다

스누여행사

바다에서 살고 있는 동물들을 만나 보세요!

〈우리 모두 조심합시다〉

1. 바다에서는 가이드가 하는 말을 잘 1) _____ 안전합니다.
2. 바다에 들어갈 때에는 두 명 이상이 함께 2) _____ 위험하지 않습니다.
3. 가이드가 옆에 있어도 항상 안전에 3) _____ 사고를 막을 수 있습니다.
4. 물 밖으로 나오면 갑자기 추워집니다. 미리 준비한 겉옷을 4) _____ 감기에 걸리지 않습니다.

입장권 admission ticket   주민 resident   놀이 기구 amusement ride   사고를 막다 to prevent an accident

문법과 표현 4 동형-거든(요), 명이거든(요)

1. 대화를 완성해 보세요.

1) 가: 이따가 회식 때 올 거지요?
   나: 미안해요. 저는 오늘 회식에 참석 못 해요. 다른 약속이 <u>있거든요</u>. (있다)

2) 가: 오늘 양복을 입고 왔네요. 정말 잘 어울려요.
   나: 고마워요. 오늘 친구 결혼식에 _____. (가다)

3) 가: 불고기가 맛있는데 왜 안 먹어요?
   나: 저는 소고기를 _____. (못 먹다)

4) 가: 이따가 같이 공연을 보러 갈래요? 학교 축제에 가수가 온대요.
   나: 저는 못 갈 것 같아요. 숙제가 _____. (많다)

5) 가: 왜 이렇게 열심히 공부해요?
   나: 나중에 좋은 회사에 _____. (취직하고 싶다)

6) 가: 왜 갑자기 제주도에 가려고 해요?
   나: 다음 주가 _____. (휴가다)

7) 가: 학교가 사람들로 가득하네요.
   나: 오늘이 우리 학교 _____. (졸업식이다)

8) 가: 많이 피곤해 보이네요.
   나: 어제 발표 준비 때문에 잠을 _____. (못 잤다)

9) 가: 한국말을 정말 잘하시네요.
   나: 초등학교 때까지 부모님과 _____. (한국에서 살았다)

2. 대화를 완성해 보세요.

1) 가: 내일 같이 등산 갈래요?
   나: 미안해요. 제가 요즘 회사 일이 좀 <u>많거든요</u>.

2) 가: 지금 어디예요? 왜 안 와요?
   나: 지금 길이 많이 _____. 그래서 10분쯤 늦을 것 같아요.

3) 가: 혹시 지금 시간이 있어? 할 말이 있는데.
   나: 지금은 시간이 없는데 어떡하지? 내가 지금 모임에 _____.

4) 가: 우리 못 만난 지 세 달이 넘었어요.
   나: 제가 다음 주에 꼭 연락할게요. 다음 주부터 _____.

5) 가: 이따가 제 생일 파티에 올 거지요?
   나: 미안해요. 제가 감기에 _____. 그래서 못 갈 것 같아요.

3. 친구들을 인터뷰해 보세요.

	친구:	친구:
1) 왜 한국어를 공부해요?		
2) 좋아하는 배우나 가수가 있어요? 왜 그 사람을 좋아해요?		
3) 싫어하는 음식이 있어요? 왜 싫어해요?		
4) 여행하고 싶은 곳이 있어요? 왜 그곳을 여행하고 싶어요?		
5) 나중에 하고 싶은 일이 있어요? 왜 그 일을 하려고 해요?		

 왜 한국어를 공부해요?

 한국에서 대학원에 다니고 싶거든요.

6

여가 생활 Leisure Life

6-1 함께 하는 운동
6-2 색다른 취미

	어휘	동작
6-1	문법과 표현	동-나 보다, 형-은가 보다, 명인가 보다
		동-었다가

	어휘	취미 활동
6-2	문법과 표현	동-을 생각/계획/예정이다
		동-을 만하다

어휘 Vocabulary

1. 알맞은 것을 골라서 문장을 완성해 보세요.

> 돌리다   펴다   벌리다   젖히다   들다   모으다   대다   굽히다   뻗다

1) 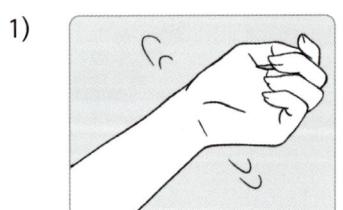 오랫동안 컴퓨터를 해서 손목이 아플 때는 스트레칭하거나 손목을 <u>돌리면</u> 좋아요.

2)  제가 고향에 도착하자마자 부모님이 두 팔을 _____ 아서/어서 저를 꼭 안아 주셨어요.

3)  이번 학교 축제 때 열리는 장기 자랑에 참가하고 싶은 사람은 손을 _____ 아/어 주세요.

4)  어머니가 아이의 이마에 손을 _____ 고 열이 나는지 확인하고 있어요.

5)  면접을 볼 때는 등을 _____ 고 바른 자세로 앉아야 자신 있어 보여요.

6)  무거운 물건을 들 때는 반드시 무릎을 _____ 고 들어야 해요.

손목 wrist   바른 자세 correct posture

7)  한국어 책은 책장 위 칸에 있어요. 손을 _____ (으)면 꺼낼 수 있을 거예요.

8)  허리가 아플 때 몸을 앞으로 숙였다가 뒤로 _____ 동작을 천천히 반복해 보세요.

9)  제 룸메이트는 아침마다 고향에 계신 부모님을 위해 두 손을 _____ 고 기도해요.

2. 친구의 설명을 듣고 알맞은 동작을 해 보세요.

우선 다리를 벌리고 똑바로 서세요. 그다음에 한쪽 무릎을 굽히세요. 이때 반대쪽 다리는 뒤로 쭉 뻗으세요. 마지막으로 팔을 양쪽으로 벌리세요.

칸 shelf　숙이다 to bend　기도하다 to pray　똑바로 straight　반대쪽 opposite side　양쪽 both sides

문법과 표현 ❶ 동-나 보다, 형-은가 보다, 명인가 보다

1. 그림을 보고 문장을 완성해 보세요.

1)
   가: 나나 씨가 같은 노래를 계속 듣고 있어요.
   나: 나나 씨가 그 노래를 정말 <u>좋아하나 봐요</u>. (좋아하다)

2)
   가: 하이 씨 방에 책이 정말 많네요.
   나: 하이 씨는 책을 많이 _____. (읽다)

3)
   가: 부엌에서 맛있는 냄새가 나요.
   나: 룸메이트가 음식을 _____. (만들다)

4)
   가: 안나 씨가 약을 찾고 있어요.
   나: 머리가 _____. (아프다)

5)
   가: 테오 씨가 창문을 여네요.
   나: _____. (덥다)

6)
   가: 자밀라 씨가 영화를 보다가 잠들었어요.
   나: 영화가 _____. (재미없다)

7)
   가: 저 사람들이 노래를 정말 잘 부르네요.
   나: _____. (가수다)

8)
   가: 에릭 씨가 밤늦게까지 공부하고 있어요.
   나: _____. (시험 기간이다)

2. 대화를 완성해 보세요.

1) 가: 민수 씨가 아까부터 계속 기침을 해요.
   나: 감기에 걸렸나 봐요   .

2) 가: 영화관에 들어갈 때는 날씨가 좋았는데 나와 보니까 땅이 젖어 있네요.
   나: .

3) 가: 아까 시험이 끝난 후부터 계속 유진 씨 표정이 안 좋아요.
   나: .

4) 가: 윤호 씨가 어제 학교에 안 왔어요.
   나: .

5) 가: 아야나 씨가 오늘 너무 피곤해 보여요.
   나: .

3. 그림을 보고 친구와 이야기해 보세요.

식당이 사람들로 붐비네요. 이 식당 음식이 맛있나 봐요.

사람이 많네요. 점심시간인가 봐요.

문법과 표현 ❷ 동-었다가

1. 알맞은 것을 연결하고 문장을 완성해 보세요.

   1) 학교에 가다 • • 켜다
   2) 불을 끄다 • • 내리다
   3) 버스를 타다 • • 찢다
   4) 편지를 쓰다 • • 집에 오다
   5) 식당을 예약하다 • • 취소하다

   1) 학교에 갔다가 집에 왔어요.
   2) _____.
   3) _____.
   4) _____.
   5) _____.

2. 대화를 완성해 보세요.

   1) 가: 왜 그 책을 나나 씨한테 다시 돌려줬어요?
      나: 책을 빌렸다가 너무 어려워서 돌려줬어요. (너무 어렵다)

   2) 가: 왜 옷을 교환했어요?
      나: _____. (마음에 안 들다)

   3) 가: 왜 다시 집에 돌아왔어요?
      나: _____. (지갑이 없다)

   찢다 to tear

4) 가: 왜 텔레비전을 껐어요?
　　나: _____. (프로그램이 재미없다)

5) 가: 왜 운동화로 갈아 신었어요?
　　나: _____. (불편하다)

3. 알맞은 것을 고르세요.

1) 허리가 아파서 몸을 (굽히다가 / (굽혔다가)) 펴는 스트레칭을 자주 해요.

2) 동생이 어제 숙제를 (하다가 / 했다가) 친구를 만나러 나갔어요.

3) 부산에 (가다가 / 갔다가) 돌아오는 길에 경주에 들렀어요.

4) 계단을 (내려가다가 / 내려갔다가) 넘어져서 다쳤어요.

5) 스웨터를 (입다가 / 입었다가) 안 어울려서 벗었어요.

6) 민수 씨는 밥을 (먹다가 / 먹었다가) 친구의 전화를 받고 나갔어요.

7) 식당에서 창문 옆에 (앉다가 / 앉았다가) 너무 추워서 일어났어요.

8) 한국어를 (배우다가 / 배웠다가) 취직을 하게 돼서 그만뒀어요.

9) 생활비가 모자라서 친구한테 돈을 (빌리다가 / 빌렸다가) 갚았어요.

10) 청바지를 (사다가 / 샀다가) 마음에 안 들어서 환불했어요.

모자라다 to be short (of)　　갚다 to repay

어휘 Vocabulary

1. 알맞은 것을 연결해 보세요.

1) 하이 씨는 7살 때 수영 대회에서 1등을 했다고 해요. •   • 우와! 손재주가 있으시네요.

2) 이거 받으세요. 제가 직접 나무를 깎아서 만든 숟가락이에요. •   • 어려서부터 재능이 있었네요.

3) 제 동생이 그린 그림이에요. 정말 잘 그렸죠? •   • 그림 솜씨가 정말 뛰어난 것 같아요.

2. 알맞은 것을 골라서 대화를 완성해 보세요.

> 공예를 배우다   나무를 깎다   색칠하다   바느질하다

1) 가: 주말에 시간이 나면 뭘 해요?
   나: 요즘 저는 _____ 고 있어요. 손으로 예쁜 물건을 만들면 기분이 좋아져요.

2) 가: 어제 그 옷이 찢어졌다고 하지 않았어요?
   나: 네. 그런데 엄마가 _____ 아/어 주셨어요.

3) 가: 책상 색깔을 바꾸고 싶어서 하얗게 _____ 아/어 봤는데 어때요?
   나: 정말 예뻐요. 저도 한번 해 봐야겠어요.

4) 가: 이 조각은 나무로 만든 거예요?
   나: 네. 제가 직접 _____ 아서/어서 만든 거예요.

 조각 sculpture

3. 알맞은 것을 골라서 문장을 완성해 보세요.

> 튕기다   불다   연주하다   누르다

1) 오케스트라 공연에서는 여러 가지 악기를 볼 수 있어요.
   그리고 악기를 _____ 방법도 모두 달라요.

2) 트럼펫은 입으로 _____ 아서/어서 소리를 내요.

3) 피아노 건반을 _____ (으)면 아름다운 소리가 나요.

4) 가야금은 줄을 누르거나 _____ 아서/어서 연주해요.

4. 친구와 이야기해 보세요.

최근에 생긴 취미가 있어요?

저는 시간이 있을 때 십자수를 해요. 저처럼 손재주가 없는 사람도 쉽게 배울 수 있거든요. 십자수를 하면 마음이 편안해져요. 그리고 여러 가지 물건을 만들어서 선물할 수 있어서 좋아요.

오케스트라 orchestra   트럼펫 trumpet   가야금 traditional Korean plucked zither   십자수 cross stitch

문법과 표현 ③ 동-을 생각/계획/예정이다

1. 계획표를 보고 문장을 완성해 보세요.

월요일	화요일	수요일	목요일	금요일	토요일	일요일
영화		기타 수업 (18:00)	집 청소	쇼핑	부산 여행	

1) 월요일에는 <u>영화를 볼 생각이다</u>.
2) 수요일 저녁 6시에는 _____.
3) 목요일에는 집을 _____.
4) 금요일에는 백화점에 가서 _____.
5) 주말에는 친구들하고 부산으로 _____.

2. 대화를 완성해 보세요.

1) 가: 공예 수업은 언제부터 들어요?
   나: 다음 달부터 <u>들을 예정이에요</u>.

2) 가: 새로운 휴대폰이 언제 나와요?
   나: 다음 주 월요일에 _____.

3) 가: 이 기차는 몇 시에 대전에 도착합니까?
   나: 오후 6시에 _____.

4) 가: 결혼식이 언제예요?
   나: 5월 7일에 _____.

3. 알맞은 것을 넣어서 글을 완성해 보세요.

나의 미래 계획

나는 지금 한국에서 한국어를 배우고 있다. 지금 3급에서 공부하고 있는데 6급까지 한국어를 1) _____. 공부가 끝나면 한국 회사에 2) _____. 취직을 하고 나면 남자 친구와 3) _____. 결혼 후에도 우리는 계속 한국에서 4) _____. 고향이 그립기는 하지만 이제 한국 생활이 익숙해졌기 때문이다. 그래도 휴가 때는 항상 고향에 5) _____. 30년 후에는 은퇴하고 가족들과 함께 세계 여행을 6) _____. 그리고 바닷가 근처에 집을 7) _____.

4. 여러분의 '미래 계획'에 대해서 써 보세요.

1년 후	3년 후	10년 후	20년 후	30년 후

나의 미래 계획

문법과 표현 4　동-을 만하다

1. 문장을 완성해 보세요.

1) 이 양념치킨은 조금 맵지만 <u>먹을 만해요</u>. (먹다)
2) 우리 학교는 집에서 좀 멀지만 지하철이 있어서 _____. (다니다)
3) 가야금은 처음에는 연주하기가 좀 어렵지만 _____. (배우다)
4) 어제 주사를 맞았는데 아팠지만 _____. (참다)
5) 새로 구한 집은 좀 좁지만 _____. (살다)

2. 대화를 완성해 보세요.

1) 가: 시간이 날 때 쉽게 배울 수 있는 악기가 있어요?
   나: <u>기타가 배워 볼 만해요</u>. (기타, 배우다)

2) 가: 한국에서 어디에 가 보면 좋을까요?
   나: _____. (경복궁, 구경하다)

3) 가: 휴가 때 읽으면 좋은 책을 추천해 주세요.
   나: _____. (박정현 작가의 '여행', 읽다)

4) 가: 비 오는 날 들으면 좋은 노래가 있어요?
   나: _____. (가수 리나의 '빗소리', 듣다)

5) 가: 외국인도 좋아할 만한 한국 음식이 있을까요?
   나: _____. (불고기, 먹다)

 주사를 맞다 to get a shot

3. 알맞은 것을 넣어서 글을 완성해 보세요.

나의 여가 생활

나는 지난주부터 트럼펫을 배우고 있다. 트럼펫은 입으로 불어서 소리를 내는 악기이다. 처음에는 조금 어려웠지만 익숙해지니까 정말 재미있다. 트럼펫은 한번 1) <u>배워 볼 만하다</u>.

그리고 일주일에 한 번씩 요리 수업을 듣는다. 요리 솜씨가 좋지는 않지만 선생님의 설명을 잘 들으면 어려운 요리도 쉽게 완성할 수 있다. 이 수업은 정말 2) _____. 그리고 내가 한 요리는 맛있지는 않지만 3) _____. 이번 주말에 친구들과 캠핑을 가려고 하는데 그때 요리 수업에서 배운 음식을 만들어 보려고 한다. 우리가 자주 가는 캠핑장은 가평에 있는데 경치가 아름다워서 한번 4) _____. 자연 속에서 지내면 스트레스가 풀려서 좋다.

다음에 기회가 되면 가죽 공예도 배워 보고 싶다. 얼마 전에 친구가 가죽으로 된 지갑을 만들어 줬는데 정말 예뻤다. 여러 가지 취미 생활은 일과 공부로 지쳤을 때 큰 힘이 된다.

4. 고향 친구에게 한국에서 해 볼 만한 것들을 소개해 보세요.

한국에 오면 순두부찌개를 먹어 보세요. 조금 맵지만 먹어 볼 만해요.

동대문에 가 보세요. 옷이 싸고 좋아서 쇼핑할 만해요.

| 음식 | 쇼핑 | 볼거리 | ? |

가평 Gapyeong　**지치다** to be worn out　**힘이 되다** to be supportive

복습 2

말하기 Speaking

1. 다음 어휘를 설명해 보세요.

4단원

한산하다 ☐	텅 비다 ☐	시간을 어기다 ☐	약속을 잡다 ☐
붐비다 ☐	장소를 정하다 ☐	모임이 연기되다 ☐	일정을 미루다 ☐
가득하다 ☐	약속을 지키다 ☐	계획이 취소되다 ☐	

평범하다 ☐	편안하다 ☐	신선하다 ☐	깔끔하다 ☐
입에 맞다 ☐	저렴하다 ☐	훌륭하다 ☐	특이하다 ☐
아늑하다 ☐	다양하다 ☐		

5단원

고소하다 ☐	느끼하다 ☐	질기다 ☐	입이 심심하다 ☐
매콤하다 ☐	쫄깃하다 ☐	바삭하다 ☐	출출하다 ☐
싱겁다 ☐	연하다 ☐		

다듬다 ☐	섞다 ☐	찌다 ☐	부치다 ☐
썰다 ☐	젓다 ☐	튀기다 ☐	굽다 ☐
다지다 ☐	볶다 ☐	삶다 ☐	끓이다 ☐

6단원

가슴을 펴다 ☐	몸을 젖히다 ☐	손을 모으다 ☐	발뒤꿈치를 들다 ☐
다리를 벌리다 ☐	옆구리를 굽히다 ☐	손을 허리에 대다 ☐	팔을 뻗다 ☐
목을 돌리다 ☐			

재능이 있다/없다 ☐	색칠하다 ☐	악기를 연주하다 ☐	줄을 튕기다 ☐
솜씨가 뛰어나다 ☐	나무를 깎다 ☐	바느질하다 ☐	건반을 누르다 ☐
손재주가 있다/없다 ☐	공예를 배우다 ☐	입으로 불다 ☐	

2. 음식의 맛과 조리법에 대해 이야기해 보세요.

> 떡볶이를 먹어 본 적이 있어요?

> 네. 매콤하고 맛있었어요. 떡볶이가 그렇게 맛있을 줄 몰랐어요.

> 떡볶이는 어떻게 만들어요?

> 먼저 어묵과 야채를 썰어요. 그다음에 뜨거운 프라이팬에 야채와 떡을 넣어서 볶아요. 마지막으로 고추장을 넣고 끓이면 돼요.

3. 해 보고 싶은 여가 활동을 소개해 보세요.

> 해 보고 싶은 여가 활동이 있어요?

> 저는 악기 연주하는 걸 좋아해요. 그래서 트럼펫을 배워 볼 생각이에요.

어묵 fish cake

4. 다음 문법과 표현을 확인해 보세요.

4단원

문법	예문
아무 명도	오늘은 **아무 약속도** 없어요.
명이나	시간 있으면 **차나** 한잔할까요?
피동(-이/히/리/기-)	책이 책상 위에 **놓여** 있어요. 도둑이 경찰에게 **잡혔어요**. 벽에 그림이 **걸려** 있어요. 문이 **잠겨** 있어요.

5단원

문법	예문
누구나, 언제나, 어디나, 무엇이나	저는 한국 음식은 **무엇이나** 다 잘 먹어요.
동형-을 줄 모르다	비빔밥이 이렇게 **맛있을 줄 몰랐어요**.
동형-어야, 명이어야	불고기에 야채를 많이 **넣어야** 맛있어요.
동형-거든(요), 명이거든(요)	내일은 학교에 안 가요. **방학이거든요**.

6단원

문법	예문
동-나 보다, 형-은가 보다, 명인가 보다	어제 못 **잤나 봐요**. 많이 피곤해 보이네요.
동-었다가	무릎을 **굽혔다가** 펴 보세요.
동-을 생각/계획/예정이다	다음 달에 제주도에 **갈 예정이에요**.
동-을 만하다	기타가 배워 **볼 만해요**.

5. 다음과 같이 좋아하는 장소를 소개해 보세요.

제가 자주 가는 카페가 있는데 카페 벽에 멋진 그림이 걸려 있어요. 그리고….

6. 문법과 표현을 사용해서 친구와 이야기해 보세요.

1) 무슨 음식을 좋아해요?
2) 왜 공항에 가요?
3) 제 모자가 어디에 있는지 알아요?
4) 졸업 후에 뭘 할 거예요?
5) 왜 창문을 닫았어요?
6) 휴가 때 여행을 가려고 하는데 비행기표가 있겠지요?
7) 일요일에 시간 있어요?
8) 길이 막혀서 차가 움직이지 않네요.
9) 한국 음식이 어때요? 많이 맵지요?
10) 한국어를 공부해 보니까 어때요?

7. 친구와 이야기해 보세요.

고향 친구가 한국에 오면 같이 무엇을 하고 싶습니까?

친구들과 어디에서 자주 만납니까? 그곳을 소개해 주시겠습니까?

즐겨 먹는 한국 음식이 있습니까? 왜 그 음식을 즐겨 먹습니까?

할 줄 아는 음식이 있습니까? 그 음식을 맛있게 만드는 비법은 무엇입니까?

건강을 지키기 위해 무엇을 합니까?

주말에 보통 무엇을 합니까?

 움직이다 to move

듣기 Listening

[1~2] 다음을 듣고 알맞은 것을 고르세요.

1. ①  ②  ③  ④

2. ① 외국인이 먹고 싶어 하는 한국 음식 ② 외국에 사는 한국인이 먹고 싶어 하는 한국 음식 ③ 외국인이 먹고 싶어 하는 한국 음식 ④ 외국에 사는 한국인이 먹고 싶어 하는 한국 음식

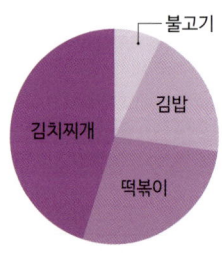 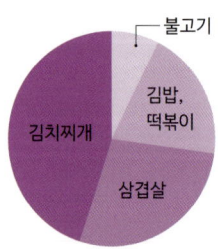 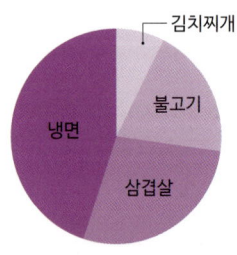 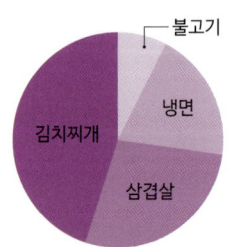

[3~6] 다음을 듣고 질문에 답하세요.

3. 대화를 듣고 이어질 수 있는 말로 가장 알맞은 것을 고르세요.

   ① 심심해서 차나 마시려고 해.
   ② 명동은 언제나 사람이 많아.
   ③ 좋아. 그날 몇 시에 만날까?
   ④ 그 식당 음식은 정말 먹을 만하거든.

4. 대화가 끝난 후 여자가 이어서 할 행동으로 가장 알맞은 것을 고르세요.

   ① 떡을 사러 나간다.
   ② 어묵하고 야채를 썬다.
   ③ 냉장고에서 재료를 가지고 온다.
   ④ 준비한 재료에 고추장을 넣어 볶는다.

5. 들은 내용과 같은 것을 고르세요.

   ① 가죽 공예품을 만들어서 파는 사람들이 많아졌다.
   ② 최근에 여가 시간에 낚시나 등산을 하는 사람들이 많다.
   ③ 색다른 취미 활동은 일상생활을 하는 데에 도움을 준다.
   ④ 새로운 악기를 배우는 것이 힘들어서 스트레스를 받는 사람들이 많다.

 허벅지 thigh 따끈하다 to be warm 싸다 to wrap 분식 inexpensive dish

6. 남자의 중심 생각으로 가장 알맞은 것을 고르세요.

① 컴퓨터를 오래 사용하면 목이 아프다.
② 병원에 가야 목의 통증을 고칠 수 있다.
③ 자세가 좋아지려면 매일 근육 운동을 해야 한다.
④ 간단한 스트레칭을 반복하면 건강을 지킬 수 있다.

[7~8] 다음을 듣고 질문에 답하세요.

7. 남자에 대한 설명으로 맞는 것을 고르세요.

① 요즘 캠핑을 자주 갔다.
② 좋은 캠핑장을 추천해 주고 있다.
③ 캠핑장에 대해 알아보고 있다.
④ 이번 휴가 때 캠핑을 할 계획이다.

8. 대화가 끝난 후 여자가 이어서 할 행동으로 맞는 것을 고르세요.

① 추천받은 캠핑장에 연락한다.
② 캠핑장에서 요리할 재료를 준비한다.
③ 캠핑할 때 필요한 물건을 알아본다.
④ 캠핑장 근처에서 즐길 수 있는 활동을 예약한다.

[9~10] 다음을 듣고 질문에 답하세요.

9. 두 사람이 식당을 찾고 있는 이유로 알맞은 것을 고르세요.

① 브라질 음식을 먹고 싶어서
② 강남역에서 식사를 하고 싶어서
③ 친구의 생일 파티를 하기 위해서
④ 분위기 좋은 곳에서 데이트하고 싶어서

10. 두 사람이 예약하려는 장소로 알맞은 것을 고르세요.

통증 pain   예방하다 to prevent   꾸준히 consistently   즐길 거리 things to enjoy

읽기 Reading

1. 다음을 읽고 무엇에 대한 글인지 고르세요.

나무 공예 특별 수업

간단한 생활용품을 만들 수 있는 나무 공예 수업에 여러분을 초대합니다.

- 신청하면 누구나 참여할 수 있습니다.
- 수업료와 재료비는 만 원입니다.
- 4월 5일까지 인터넷 홈페이지(www.namunamu.co.kr)에서 신청할 수 있습니다.

① 파티 초대　　② 수업 안내　　③ 재료 구입　　④ 전시 소개

[2~3] 다음을 읽고 글의 내용과 같은 것을 고르세요.

2.

찾아가는 하늘식당

손님을 초대한 날, 아무것도 하기 싫은 날, 몸이 안 좋은 날
정성이 가득 들어간 한식이 그립지 않으세요? 하늘식당이 여러분을 찾아갑니다.

메뉴

불고기　　떡볶이/순대/튀김　　잡채　　여러 가지 반찬

✓ 하늘식당은 배달만 하는 식당입니다.
✓ 다양한 메뉴가 준비되어 있습니다. 자세한 내용은 전화(02-880-0000)로 문의해 주세요.
✓ 일주일 전에 미리 주문하시면 음식을 담을 예쁜 그릇도 함께 보내 드립니다.

① 여러 나라 음식을 주문할 수 있다.
② 메뉴가 궁금하면 식당에 전화해서 물어보면 된다.
③ 직접 가서 먹으면 배달시키는 것보다 더 저렴하다.
④ 3일 전에 미리 주문해야 음식을 배달로 받을 수 있다.

생활용품 household item　　정성 sincerity　　순대 blood sausage

3.
> 나는 요즘 친구들과 인터넷으로 만나는 일이 많아졌다. 온라인에서 친구들을 만나게 되면 장소나 시간을 정할 때 고민을 하지 않아도 돼서 좋다. 또 어디에서나 모임을 할 수 있기 때문에 편하다. 그리고 외출하기 어려울 때 모임을 연기하지 않아도 되기 때문에 친구들을 더 자주 만날 수 있게 되었다. 무엇보다 붐비는 식당이나 카페에 가지 않고 집에서 편안하게 친구들과 대화할 수 있어서 좋다.
> 인터넷 모임의 인기가 높아지면서 최근 한 휴대폰 회사에서는 온라인 모임을 위한 앱을 만들 예정이라고 발표했다. 물론 친구들을 직접 만나면 더 반갑고 기쁠 것이다. 하지만 약속 시간이나 장소를 잡기 어려울 때 온라인으로 보고 싶은 사람과 언제 어디에서나 만날 수 있는 것은 큰 장점이다.

① 한 회사에서는 온라인 모임을 도와주는 앱을 만들었다.
② 최근에는 직접 사람들과 만나서 시간을 보내려는 사람들이 많다.
③ 온라인 모임을 할 때는 시간과 장소를 미리 정하지 않는 것이 좋다.
④ 온라인 모임은 보고 싶은 사람들과 쉽고 편하게 만날 수 있어서 인기가 많다.

4. 다음을 순서대로 맞게 나열한 것을 고르세요.

> (가) 이 동작을 꾸준히 하면 피로도 풀리고 잠도 푹 잘 수 있습니다.
> (나) 마지막으로 두 다리를 모으고 아래로 쭉 뻗으면 됩니다.
> (다) 오늘은 자기 전에 누워서 쉽게 할 수 있는 스트레칭 동작을 알려 드리겠습니다.
> (라) 먼저 똑바로 누워서 한쪽 다리를 들어서 굽힙니다. 그다음에 굽힌 다리를 가슴까지 올렸다가 내립니다. 반대쪽 다리도 똑같이 반복합니다.

① (다) - (라) - (나) - (가)   ② (나) - (다) - (라) - (가)   ③ (다) - (라) - (가) - (나)   ④ (나) - (다) - (가) - (라)

5. 다음 글에서 보기 의 문장이 들어가기에 가장 알맞은 곳을 고르세요.

> 단소는 한국의 전통 악기이다. (㉠) 서양의 리코더와 비슷하게 생겼는데 길이가 길고 앞에는 네 개의 구멍이 있다. (㉡) 두 악기의 연주 방법도 비슷하다. (㉢) 소리가 크지는 않지만 아주 맑다. (㉣) 그리고 배우기 쉽기 때문에 누구나 한 번쯤 연주해 볼 만한 악기이다.

보기 단소도 리코더처럼 입으로 불어서 연주하는 악기이다.

① ㉠   ② ㉡   ③ ㉢   ④ ㉣

앱 app   피로 fatigue   단소 Korean flute   리코더 recorder

[6~7] 다음을 읽고 질문에 답하세요.

한국에 처음 온 사람들은 한국에 카페가 이렇게 많을 줄 몰랐다고 이야기한다. 그만큼 한국에는 다양한 카페가 많다. 최근에 식물원이나 수족관처럼 꾸민 특별한 카페가 사람들의 사랑을 받고 있다고 해서 지난 주말에 다녀왔다.

식물원 카페 안에는 여러 종류의 식물이 놓여 있었다. 그리고 벽이나 천장에도 화분들이 걸려 있었다. 창문 밖으로 나무를 볼 수 있게 정원도 꾸며 놓았다. 카페 안이 조금 붐비기는 했지만 실내가 넓어서 편안하게 시간을 보낼 수 있었다. 요즘 카페에서 공부나 일을 하는 사람들이 많은데 여기에서 공부나 일을 하면 집중도 더 잘되고 스트레스도 풀 수 있을 것 같다.

다음으로 카페를 수족관처럼 꾸며 놓은 곳에 다녀왔다. 카페 안에는 커다란 수족관이 놓여 있었다. 그래서 수족관에 와 있는 것처럼 물고기를 구경하며 차를 마실 수 있었다. 이곳은 특히 아이들에게 인기가 높아서 가족들이 함께 와서 시간을 보내는 모습이 자주 보였다.

이 카페들은 누구나 좋아할 만한 곳이었다. 실제로 주말에는 항상 사람들로 붐비기 때문에 (   ) 원하는 자리에 앉을 수 있다고 한다. 이번 주말에 소중한 사람들과 특별한 카페에 가 보는 건 어떨까?

6. (   )에 들어갈 내용으로 알맞은 것을 고르세요.

   ① 일찍 가야
   ② 조심해서 가야
   ③ 꽃을 들고 가야
   ④ 가족들과 함께 가야

7. 이 글에 대한 설명으로 같은 것을 고르세요.

   ① 식물원 카페 밖으로 정원이 보인다.
   ② 수족관 카페에는 물고기 그림이 걸려 있다.
   ③ 수족관 카페에서 일을 하면 집중이 더 잘된다.
   ④ 식물원 카페에는 가족들과 함께 오는 손님들이 많다.

 식물원 botanical garden   수족관 aquarium   천장 ceiling   집중 concentration

[8~9] 다음을 읽고 질문에 답하세요.

> 　최근 한국 문화에 대해 관심을 갖는 사람이 많아지면서 한국 음식에 대한 관심도 높아지고 있다. 특히 채소가 많이 들어간 비빔밥이 인기가 많다. 비빔밥은 고기를 빼고 채소만 넣어도 되기 때문에 고기를 먹지 않는 사람도 먹을 수 있다. 그리고 매운 것을 좋아하지 않는 사람은 간장이나 참기름만으로 맛을 내도 되기 때문에 더욱 인기가 좋다.
> 　비빔밥은 만드는 방법도 쉽고 간단하다. 먼저 당근과 양파, 호박 등 여러 가지 채소를 손질하여 썬다. 그다음에 ㉠ 이것을 뜨거운 프라이팬에 살짝 볶아 준다. 고기를 넣고 싶으면 다진 소고기도 볶아 준비한다. 마지막으로 볶은 재료들을 밥 위에 올리고 간장이나 고추장을 넣고 비빈다. 달걀과 참기름을 넣으면 더 맛있게 먹을 수 있다.
> 　비빔밥은 만드는 방법이 어렵지 않고 건강에도 좋기 때문에 한 번쯤 만들어 볼 만한 한국 음식이다.

8. 밑줄 친 '㉠ 이것'이 무엇을 말하는지 고르세요.

　① 다진 소고기
　② 손질한 채소
　③ 간장과 고추장
　④ 볶은 채소와 고기

9. 이 글을 쓴 이유로 가장 알맞은 것을 고르세요.

　① 맛있게 먹는 방법을 알려 주기 위해서
　② 채식주의자들을 위한 음식을 소개하기 위해서
　③ 한국 음식이 인기 있는 이유를 알려 주기 위해서
　④ 비빔밥을 소개하고 만드는 방법을 알려 주기 위해서

손질하다 to trim　살짝 slightly　비비다 to mix

쓰기 Writing

1. 알맞은 것을 골라서 써 보세요.

> 한산하다   붐비다   굽다   끓이다
> 굽히다   젖히다   줄을 퉁기다   건반을 누르다

1) 강남역은 언제나 _____. 이른 아침이나 밤에도 사람이 많아요.
2) 저는 어렸을 때 가야금을 배웠어요. _____ 아서/어서 연주하는데 소리가 정말 아름다워요.
3) 허리가 안 좋을 때는 몸을 앞으로 숙였다가 뒤로 _____ 동작을 반복하면 좋아요.
4) 어젯밤에 조금 출출해서 라면을 _____ 아서/어서 먹었어요.
5) 비 오는 날 놀이공원에 가면 _____ 고 조용해서 좋아요.
6) 부엌에서 좋은 냄새가 나요. 엄마가 고기를 _____ 나 봐요.

2. 공통으로 들어갈 단어를 찾아서 문장에 맞게 써 보세요.

1) ☐☐☐☐

   가) 뭐 먹을 것 없어요? 입이 좀 _____.
   나) 지난 주말에 너무 _____. 그래서 공원에 나가서 운동을 했어요.

2) ☐☐

   가) 어젯밤에 경찰이 아랫집에 든 도둑을 _____.
   나) 친구와 명동역에서 4시에 만나기로 약속을 _____.

3) ☐☐

   가) 이 운동화는 예쁘고 편해서 마음에 _____.
   나) 룸메이트가 깰까 봐 발뒤꿈치를 살짝 _____ 고 조용히 걸었어요.

이르다 to be early

3. **알맞은 표현을 골라서 대화를 완성해 보세요.**

> 아무 명 도   명 이나   -어야   -거든(요)
> -나 보다   -을 만하다   -었다가   -을 생각/계획/예정이다

1) 가: 왜 그렇게 피곤해 보여요?
   나: _____

2) 가: 한국어 수업이 끝나면 뭐 할 거예요?
   나: _____

3) 가: 우리 학교 도서관에 제 친구도 들어갈 수 있을까요?
   나: 아니요. _____

4) 가: 이 식당은 뭐가 맛있어요?
   나: _____

5) 가: 방금 뭐라고 했어요?
   나: _____

6) 가: 에어컨에서 이상한 소리가 들려요.
   나: _____

7) 가: 오늘도 백화점에 사람이 많네요.
   나: _____

4. **틀린 부분을 찾아서 맞게 고쳐 보세요.**

1) 수박이 다 팔았어요. ➡ _____

2) 서울이 이렇게 아름다울 줄 몰라요. ➡ _____

3) 코트를 사다가 마음에 안 들어서 반품했어요. ➡ _____

5. 요즘 고향에서 인기 있는 여가 활동에 대해 200~300자로 쓰세요.

❶ 요즘 고향 사람들은 여가 시간에 무엇을 많이 합니까?
❷ 그 여가 활동이 인기 있는 이유는 무엇입니까?
❸ 그 여가 활동은 어떻게 합니까?

발음 Pronunciation

🎧 잘 들어 보세요.

❶ **강남역** 근처는 주말에 사람이 많아서 좀 붐빌 텐데요.
❷ 이렇게 **맛있을 줄** 몰랐어요.
❸ 팔을 위로 쭉 **뻗고** 옆구리를 굽혔다가 펴세요.

🎧 잘 듣고 따라 해 보세요.

❶ 대학생이 되면 **배낭여행**을 갈 거예요.
❷ 저는 피아노를 **칠 수** 있어요.
❸ 나가기 전에 창문을 **닫고** 가세요.

🎧 잘 듣고 친구와 연습해 보세요.

❶ 가: **무슨 일** 있어요?
　나: 시험을 이렇게 못 **볼 줄** 몰랐어요.

❷ 가: 주말에 뭐 **할 거**예요?
　나: 저는 친구하고 영화를 **볼 거**예요.

❸ 가: 요즘 날씨가 어때요?
　나: 낮에는 **덥지만** 밤에는 좀 쌀쌀해요.

❹ 가: 공연장에 **몇** 시부터 **입장**할 수 있어요?
　나: **일곱** 시부터 **들어갈 수** 있어요.

7

소비와 절약 Spending & Saving

7-1 소비 성향

7-2 중고 거래

7-1	어휘	소비와 절약
	문법과 표현	동-는 편이다, 형-은 편이다
		동-을까 말까 (하다)
7-2	어휘	구입과 판매
	문법과 표현	형-어하다
		동형-던

어휘 Vocabulary

1. 알맞은 것을 골라서 글을 완성해 보세요.

> 수입   지출   줄다   늘다   아끼다   저축하다   낭비하다   과소비하다

내일부터 나도 부자

세린: 안녕하세요? 저는 얼마 전에 취직한 회사원입니다. 아직 신입 사원이라서 1) __수입__ 이 많지 않습니다. 그런데 자꾸 2) _____ 이/가 3) _____ 아서/어서 고민입니다. 돈을 절약하는 방법을 좀 가르쳐 주세요.

댓글 3

↳ **앤디**: 돈을 모으려면 자신이 어디에 얼마나 돈을 쓰는지 알아야 해요. 그럼 필요 없는 물건을 사는 데에 돈을 4) _____ 지 않을 수 있어요.

↳ **토모**: 저는 아르바이트할 시간이 별로 없어서 최근에 수입이 많이 5) _____. 그래서 쇼핑하기 전에는 꼭 필요한 물건을 메모합니다. 이렇게 하면 6) _____ 지 않고 돈을 7) _____ (으)ㄹ 수 있습니다.

↳ **미소**: 저도 아직 돈을 모으지 못하고 있어요. 나중에 월급을 많이 받게 되면 그때 8) _____ 아도/어도 늦지 않는다고 생각해요.

2. 친구와 이야기해 보세요.

> 어떻게 하면 돈을 모을 수 있을까요?

> 돈을 모으고 싶으면 통장을 여러 개 만들어 보세요. 생활비 통장이나 여행비 통장을 만들어서 꼭 필요한 데에만 돈을 사용하면 낭비하지 않을 수 있을 거예요.

 신입 사원 new employee

3. 알맞은 것을 골라서 대화를 완성해 보세요.

> 모자라다 부족하다 적당하다 충분하다 남다

1) 가: 이번 달에 쇼핑을 많이 했는데 생활비가 <u>모자랄까</u> 봐서 걱정이에요.
   나: 그럼 필요 없는 물건을 중고로 팔아 보면 어때요?

2) 가: 피자를 세 판 정도 시키면 다 같이 먹을 수 있겠지요?
   나: 네. 오늘 초대한 사람이 4명이니까 _____.

3) 가: 공항에 몇 시까지 가야 돼요? 늦은 거 아니에요?
   나: 출발 시간까지 아직 5시간이나 _____. 천천히 출발해도 돼요.

4) 가: 회사 동료 결혼식에 가야 하는데 축의금으로 얼마를 내야 할까요?
   나: 저는 10만 원 정도가 _____ 다고 생각해요.

5) 가: 백화점에 갔다 왔다고 들었어요. 어머니 생신 선물은 샀어요?
   나: 아니요. 스카프를 사 드리고 싶었는데 돈이 좀 _____ 아서/어서 그냥 왔어요. 조금 더 고민해 봐야겠어요.

4. 어떻게 하면 다음 달에 생활비를 아껴서 저축할 수 있을지 이야기해 보세요.

	4월	5월
수입	220만 원	
식비	75만 원	
교통비	35만 원	
방값	50만 원	
관리비	10만 원	
옷값	20만 원	
여행비	15만 원	
전화 요금	15만 원	
저축	0원	
총지출	220만 원	

이 사람은 식비에 돈을 많이 쓰고 있네요. 집에서 요리해서 먹으면 20만 원쯤 아낄 수 있을 것 같아요.

저는 식비는 적당한 것 같아요. 그런데 교통비가 너무 많이 나오네요. 택시를 타지 말고 가까운 거리는 걸어서 다니면 교통비를 10만 원쯤 줄일 수 있을 거예요.

중고 used   축의금 congratulatory money

문법과 표현 ❶ 동-는 편이다, 형-은 편이다

1. 다음을 보고 문장을 만들어 보세요.

1) 매운 음식을 못 먹어요. / 매운 음식을 잘 먹어요.
   ➡ 저는 매운 음식을 잘 먹는 편이에요.

2) 드라마를 안 봐요. / 드라마를 자주 봐요.
   ➡ _____.

3) 옷을 잘 못 입어요. / 옷을 잘 입어요.
   ➡ _____.

4) 요즘 일이 많아서 바빠요. / 요즘 일이 없어서 한가해요.
   ➡ _____.

5) 한국 친구가 없어요. / 한국 친구가 많아요.
   ➡ _____.

2. 대화를 완성해 보세요.

1) 가: 운동을 좋아해요?
   나: 네. <u>좋아하는 편이에요</u>. 평일에는 바빠서 운동을 못 하지만 주말에는 꼭 하려고 노력하고 있어요.
   　　　　(좋아하다)

2) 가: 쇼핑을 자주 해요?
   나: 아니요. 요즘 돈을 모으고 있어서 쇼핑을 거의 _____.
   　　　　　　　　　　　　　　　　　　　　　　　　　　　　　(안 하다)

3) 가: 요리하는 걸 좋아해요?
   나: 네. 집에서 자주 _____.
   　　　　　　　　　　　(만들어 먹다)

4) 가: 학생 식당이 어때요?
   나: 음식도 맛있고 가격도 _____.
   　　　　　　　　　　　　　　　(저렴하다)

5) 가: 민영 씨, 남자 친구와 어떻게 사귀게 되었어요?
   나: 저는 _____ 인데 남자 친구는 아주 활발해요. 그런 모습에 반했어요.
   　　　　(조용하다)

6) 가: 아침에 보통 몇 시쯤 일어나요?
   나: 제가 _____ (이)라서 늦게 일어나요.
   　　　　(아침잠이 많다)

3. 친구들을 인터뷰해 보세요.

	친구:	친구:
1) 일찍 자요?		
2) 어디에 돈을 아껴 써요?		
3) 시간이 있을 때 뭐 해요?		
4) 요즘 고향 날씨가 어때요?		
5) 한국어 공부를 열심히 해요?		

반하다 to fall for　　아침잠이 많다 to have a lot of morning sleep

문법과 표현 ❷   동-을까 말까 (하다)

1. 대화를 완성해 보세요.

1) 가: 주말에 뭐 할 거예요?
   나: 월요일에 중요한 시험이 있어서 <u>도서관에 갈까 말까</u> 하고 있어요.
   (도서관에 가다)

2) 가: 이번에 자동차를 바꿀 거라고 들었어요. 마음에 드는 차가 있어요?
   나: 네. 그런데 돈이 좀 부족해서 _____ 하고 있어요.
   (차를 바꾸다)

3) 가: 이번에 면접을 본 회사에 합격했다고 들었어요. 정말 축하해요.
   나: 고마워요. 그런데 월급이 생각보다 적어서 _____ 고민하고 있어요.
   (그 회사에서 일하다)

4) 가: 내일 여행 갈 때 무슨 옷을 입고 갈 거예요?
   나: 아직 잘 모르겠어요. _____ 고민 중이에요.
   (새로 산 원피스를 입다)

5) 가: 주말에 소개받은 사람이 어땠어요? 또 만날 거예요?
   나: 재미있고 친절했어요. 근데 저하고 성격이 좀 달라서 계속 _____ 망설이고 있어요.
   (그 사람을 만나다)

6) 가: 이번 학기가 끝나면 뭘 할 계획이에요?
   나: 글쎄요. _____ 생각하고 있어요.

7) 가: 고향에 돌아가면 뭘 하고 싶어요?
   나: 글쎄요. _____ 생각 중이에요.

 망설이다 to hesitate

2. 대화를 완성해 보세요.

1) 가: 아직도 점심을 안 먹었어요?
   나: 네. 너무 바빠서 <u>먹을까 말까 하다가</u> 안 먹었어요. 저녁을 좀 일찍 먹으려고요.

2) 가: 어제 회식 때 왜 안 왔어요?
   나: _____ 출장 준비 때문에 안 갔어요.

3) 가: 노트북을 새로 샀네요.
   나: 네. 생활비가 모자라서 _____ 그냥 샀어요.

4) 가: 주말에 케이크를 만들었어요?
   나: 아니요. 몸이 좀 안 좋아서 _____.

5) 가: 어제저녁에 운동했어요?
   나: 아니요. _____.

3. 그림을 보고 친구와 이야기해 보세요.

1) 졸업 후에 뭘 할 거예요?
   유학을 갈까 말까 하고 있어요.

2) 한국어 공부가 끝나면 뭘 할 생각이에요?

3) 방학에 무슨 계획이 있어요?

4) 어디로 휴가를 떠날 거예요?

어휘 Vocabulary

1. 알맞은 것을 골라서 대화를 완성해 보세요.

> 멀쩡하다   새것 같다   버리기가 아깝다   품질이 좋다   싫증이 나다

1) 가: 선풍기가 <u>멀쩡해</u> 보이는데 왜 버리려고 해요?
   나: 산 지 몇 년 안 됐는데 벌써 고장이 났어요.

2) 가: 이 밥솥 쓸래요? 몇 번 사용하지 않아서 아직 _____.
   나: 고마워요. 정말 깨끗하게 사용했네요. 잘 쓸게요.

3) 가: 겨울옷을 사려고 하는데 어디에 가서 사면 좋을까요?
   나: 동대문 시장에 가 보세요. 가격도 적당하고 _____ 기로 유명해요.

4) 가: 그 옷이 멀쩡해 보이는데 왜 버리려고 해요?
   나: 너무 오래 입어서 _____.

5) 가: 혹시 '중고세상' 알아요? 거기에서는 필요 없지만 _____ 물건을 다른 사람에게 팔 수 있대요.
   나: 네. 저도 그 사이트에 대해서 들어 본 적이 있어요.

2. 알맞은 것을 골라서 글을 완성해 보세요.

> 지겹다
> 새것 같다
> 품질이 좋다

중고세상

중고 거래 상품: 선풍기
판매 금액: 3만 원

　집들이 선물로 선풍기를 받았습니다. 그런데 집에 선풍기가 많아서 팔려고 합니다. 이 선풍기는 1) _____ 아서/어서 시원하고 조용합니다. 그리고 몇 달 사용했지만 2) _____. 앞으로 10년은 더 쓸 만합니다.
　혹시 집에 있는 선풍기가 오래돼서 고장 났거나 3) _____ 아져서/어져서 바꾸고 싶으신 분은 연락 주세요.

3. 알맞은 것을 골라서 대화를 완성해 보세요.

> ⬭구입하다⬭　판매하다　반품하다　거래하다　결제하다

1) 가: 요즘 인터넷으로 물건을 __구입하는__ 사람들이 늘고 있대요.
   나: 저도 들었어요. 직접 매장에 가지 않아도 되니까 편리해서 그런 것 같아요.

2) 가: 손님, 카드로 _____?
   나: 아니요. 현금으로 할게요. 모두 얼마지요?
   가: 9만 원입니다.

3) 가: 배송받은 옷이 어때요? 마음에 들어요?
   나: 아무래도 _____ 아야/어야겠어요. 옷이 너무 꽉 끼네요.

4) 가: 지난번에 이 가게에서 빨간색 리본이 달린 구두를 봤는데요.
   나: 죄송하지만 그 제품은 더 이상 _____ 고 있지 않습니다.
   며칠 전에 품절되었습니다.

5) 가: 살이 빠져서 바지가 너무 헐렁해졌어. 아직 멀쩡해서 버리기는 아까운데 어떡하지?
   나: 그럼 중고 물건을 사고파는 사이트에서 _____ 아/어 보는 건 어때?

4. 다음에 대해 친구와 이야기해 보세요.

인터넷으로 물건을 구입하거나 판매한 적이 있습니까?
그 물건은 무엇입니까?

인터넷으로 중고 거래를 잘하는 방법을 알고 있습니까?

모르는 사람과 인터넷으로 거래할 때 무엇을 조심해야 합니까?

매장 store   꽉 끼다 to be tight   리본 ribbon   헐렁하다 to be loose

문법과 표현 3 │ 형-어하다

1. 알맞은 것을 골라서 대화를 완성해 보세요.

> 싫다   기쁘다   불편하다   힘들다   지겹다   맛있다   속상하다   먹고 싶다

1) 가: 아직 새것 같은데 왜 운동 기구를 팔려고 해요?
   나: 동생한테 주려고 샀는데 동생이 운동하는 걸 <u>싫어해서요</u>.

2) 가: 친구 생일 파티에 잘 갔다 왔어요?
   나: 네. 제가 준 선물을 받고 친구가 정말 _____.

3) 가: 집들이 음식이 어땠어요? 모자라지는 않았죠?
   나: 네. 음식은 충분했어요. 맛도 훌륭했고요. 다들 _____.

4) 가: 인터넷으로 조카 신발을 구입했는데 반품해야겠어요. 구두가 작아서 조카가 많이 _____.
   나: 그럼 한 치수 큰 걸로 교환하는 게 어때요?

5) 가: 공부를 열심히 했는데 시험을 망쳤어요.
   나: 너무 _____ 지 마세요. 다음에는 잘 볼 수 있을 거예요.

6) 가: 과일을 왜 그렇게 많이 샀어요?
   나: 동생이 병원에 입원했는데 과일을 _____ 아서/어서요.

7) 가: 민수 씨는 벌써 퇴근했나 봐요.
   나: 네. 감기 때문에 _____ 아서/어서 제가 빨리 집에 가서 쉬라고 했어요.

8) 가: 시골로 이사했다고 들었어요. 시골 생활이 어때요?
   나: 조용하고 공기가 맑아서 좋아요. 그런데 아이들이 시골 생활을 _____.

치수 size

2. 알맞은 것을 고르세요.

1) 친구가 여자 친구하고 헤어진 후 너무 (슬퍼요 / 슬퍼해요).

2) 요즘 일이 많아서 무리했나 봐요. 몸이 (아프네요 / 아파하네요).

3) 저는 직접 가서 물건을 구입하는 게 (귀찮아서 / 귀찮아해서) 인터넷 쇼핑을 자주 하는 편이에요.

4) 동생이 생일 선물로 지갑을 (받고 싶어서 / 받고 싶어 해서) 선물해 줬어요.

5) 친구가 우리 집 강아지를 자기 강아지처럼 (예뻐요 / 예뻐해요).

3. 친구에 대한 설명을 듣고 누구인지 알아맞혀 보세요.

1) 다음 단어를 사용해서 메모지에 자기에 대해 써 보세요.

좋다	기쁘다	슬프다	속상하다
밉다	무섭다	아프다	미안하다
쉽다	어렵다	행복하다	피곤하다
춥다	즐겁다	심심하다	-고 싶다
싫다	외롭다	피곤하다	…

보기
㉠ 저는 한국 음식을 잘 먹지만 매운 음식이 싫어요.
㉡ 룸메이트가 고향에 돌아가서 요즘 심심해요.
㉢ 한국어 공부가 재미있지만 숙제가 많아서 힘들어요.

2) 친구의 설명을 듣고 누구인지 찾아보세요.

이 사람은 한국 음식을 잘 먹지만 매운 음식을 싫어해요. 그리고 룸메이트가 고향에 돌아가서 요즘 심심해요. 한국어 공부를 재미있어하지만 숙제가 많아서 힘들어해요.

혹시 엥흐 씨 아니에요? 엥흐 씨 룸메이트가 얼마 전에 고향에 돌아갔다고 들었거든요.

밉다 to hate

문법과 표현 4 동|형-던

1. 대화를 완성해 보세요.

1)
가: 제가 __마시던__ 커피가 없어졌어요. (마시다)
나: 아, 미안해요. 다 마신 건 줄 알고 제가 치웠어요.

2)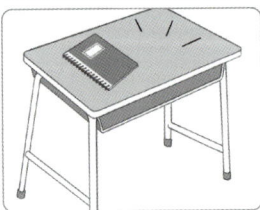
가: 뭘 그렇게 찾고 있어요?
나: 제가 _____ 볼펜이 안 보여서요. (쓰다)
   이상하네요. 분명히 아까 여기에 있었는데….

3)
가: 저 먼저 퇴근할게요. 하이 씨는 퇴근 안 해요?
나: 먼저 가세요. _____ 보고서가 있는데 아직 다 못 끝내서요.
   (작성하다)

4)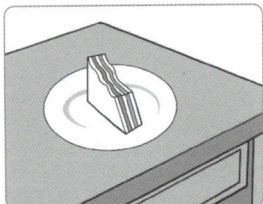
가: 아직도 점심을 못 먹어서 어떡해요.
나: 괜찮아요. 아침에 _____ 샌드위치가 남아 있어요. (먹다)

5)
가: 이거 아까 크리스 씨가 _____ 잡지책이지요? (읽다)
   다 읽으면 저도 좀 빌려주세요.
나: 먼저 보세요. 저는 나중에 읽어도 돼요.

2. 대화를 완성해 보세요.

1) 가: 그 셔츠 새로 샀어요? 다니엘 씨한테 정말 잘 어울리네요.
   나: 고마워요. 그런데 새 옷이 아니에요. __입던__ 옷이에요.

2) 가: 유진 씨, 주말에 고향 친구가 놀러 오는데 맛있는 식당을 좀 소개해 주세요.
   나: 그럼 서울식당에 가 보세요. 제가 가족들과 자주 _____ 식당인데 가격도 적당하고 음식도 맛있어요.

 치우다 to put away   작성하다 to fill out

3) 가: 지금 라디오에서 나오는 노래를 안나 씨도 알아요?
   나: 네. 제가 고등학교 때 자주 _____ 노래예요. 어렸을 때부터 한국 가수를 좋아했거든요.

4) 가: 마리 씨, 저 방학 때 친구들하고 도쿄에 놀러 가기로 했어요.
   나: 정말요? 도쿄는 제가 어렸을 때 _____ 곳인데 음식도 맛있고 경치도 아름다워요.

3. 알맞은 것을 고르세요.

1) 가: 누가 신문을 여기 놓고 갔네요. 버려도 되겠지요?
   나: 잠깐만요. 버리지 마세요. 그거 제가 (ⓘ읽던 / 읽은) 신문이에요. 아직 다 못 읽었거든요.

2) 가: 시간이 있으면 같이 영화 보러 갈래요?
   나: 미안해요. 어제 (하던 / 한) 숙제를 다 끝내야 해서요.

3) 가: 저 사람을 알아요? 누군데 그렇게 반갑게 인사를 해요?
   나: 작년에 해외여행 갔을 때 우연히 바닷가에서 (만나던 / 만난) 사람이에요.
   여기에서 다시 만날 줄 몰랐어요.

4) 가: 이 사진은 언제 (찍던 / 찍은) 사진이에요? 정말 잘 나왔네요.
   나: 지난 방학에 친구들과 제주도로 여행 갔을 때 찍었어요.

5) 가: 자밀라 씨한테 무슨 일이 있나 봐요. 밥도 잘 안 먹고 이야기도 잘 안 하는 것 같아요.
   나: (사귀던 / 사귄) 남자 친구와 헤어졌대요.

6) 가: 어제까지 잘 (되던 / 된) 노트북이 갑자기 안 돼요. 구입한 지 얼마 안 됐는데 속상하네요.
   나: 정말 속상하겠어요. 혹시 필요하면 제 노트북을 쓰세요.

7) 가: 제가 어제 (만들던 / 만든) 케이크인데 좀 드셔 보세요.
   나: 우와, 정말 맛있어 보이네요. 감사합니다. 잘 먹을게요.

8

한국 생활 Life in Korea

8-1 문제와 해결
8-2 문화 차이

8-1	어휘	문제와 해결
	문법과 표현	동형-더라고(요), 명이더라고(요)
		동-도록
8-2	어휘	오해
	문법과 표현	동-을 뻔하다
		명이라고 (해서) 다 동-는/형-은/명인 것은 아니다

어휘 Vocabulary

1. 알맞은 것을 골라서 문자 메시지를 완성해 보세요.

> 공과금을 납부하다   집을 계약하다   전기 요금이 포함되다

안녕하세요? 지난주에 1) _____ 학생인데요.
2) _____ (으)려면 어떻게 해야 하나요?

공과금은 인터넷으로 내면 돼요.
은행에 가서 내도 되고요.

그렇군요. 전기 요금도 제가 따로 내야 하나요?

아니요. 관리비에 3) _____. 가스 요금만 따로 내면 돼요.

2. 알맞은 것을 골라서 대화를 완성해 보세요.

> 세면대가 막히다   물이 새다   전기가 나가다   소음이 심하다   배송이 안 되다

1) 가: 여기 뭐가 걸린 것 같아. 손을 씻었는데 물이 잘 안 내려가.
   나: <u>세면대가 막힌</u> 것 같아. 뜨거운 물을 한번 부어 봐.

2) 가: 천장이 왜 이렇게 젖어 있어요?
   나: 건물이 오래돼서 비가 올 때마다 _____.

3) 가: 지금 세탁기를 돌려도 될까? 수건이 한 장도 없어.
   나: 밤 9시인데 _____ (으)ㄹ 거야. 빨래는 내일 낮에 하는 게 좋겠어.

4) 가: 내일 결혼식에 간다고 했지요? 무슨 옷을 입고 갈 거예요?
   나: 결혼식에 입고 가려고 정장을 주문했는데 아직 _____.
      아무래도 다른 옷을 입고 가야 할 것 같아요.

5) 가: 아주머니, 저 506호에 사는 학생인데요. 저희 집 _____ 아서/어서 불이 안 들어와요.
   나: 그래요? 지금 바로 수리 기사에게 연락할게요.

  불이 들어오다 light turns on   수리 기사 repairperson

3. 알맞은 것을 골라서 연결하고 문장을 완성해 보세요.

　　　하수구를 뚫다　　전구를 갈다　　집을 내놓다　　글을 올리다

1) 샤워를 하는데 물이 잘 안 내려가다

2) 식사할 때 갑자기 불이 나가다

3) 해외로 유학을 가게 되다

4) 배송받은 물건을 반품하려고 하다

1) 샤워를 하는데 물이 잘 안 내려가서 　하수구를 뚫었어요　.
2) 식사할 때 갑자기 불이 나가서 _____.
3) 해외로 유학을 가게 돼서 부동산에 살던 _____.
4) 배송받은 물건을 반품하려고 인터넷 쇼핑몰 게시판에 _____.

4. 집에 문제가 생긴 적이 있습니까? 그때 그 문제를 어떻게 해결했는지 이야기해 보세요.

화장실 천장에서 물이 샌 적이 있어요. 그때 집주인 아주머니가 수리 기사를 불러 줬어요.

문법과 표현 1 동형-더라고(요), 명이더라고(요)

1. 대화를 완성해 보세요.

   1) 가: 집주인한테 왜 연락했어요?
      나: 아침에 화장실에 가 보니까 천장에서 <u>물이 새더라고요</u>. (물이 새다)

   2) 가: 세면대에 무슨 문제가 있어요?
      나: 아침에 세수할 때 보니까 _____. (물이 잘 안 내려가다)

   3) 가: 여자 친구하고 왜 싸웠어요?
      나: 제가 여자 친구 생일을 잊어버렸거든요. 그래서 미안하다고 했는데 저한테 계속 _____. (화를 내다)

   4) 가: 경주 여행은 재미있었어?
      나: 경주에 가 보니까 _____. (구경할 게 많다)

   5) 가: 순대를 못 먹는다고 하지 않았어?
      나: 먹어 보니까 생각보다 _____. (괜찮다)

   6) 가: 백화점에 가서 왜 아무것도 안 사 왔어?
      나: 세일이 끝나서 _____. (살 게 없다)

   7) 가: 왜 구두를 받자마자 반품했어요?
      나: 구두를 신어 보니까 꽉 껴서 _____. (발이 아프다)

   8) 가: 어제 공연 잘 봤어요?
      나: 네. 그런데 깜짝 놀랐어요. 공연에서 노래한 가수가 유키 씨 _____. (동생이다)

2. 대화를 완성해 보세요.

1) 가: 혼자서 살아 보니까 어때요?
   나: 지금은 익숙해졌는데 처음에는 좀 힘들더라고요.

2) 가: 한국어 공부를 해 보니까 어때요?
   나: _____.

3) 가: 부산에 여행 가 보니까 어땠어요?
   나: _____.

4) 가: 새로 생긴 분식집에 갔다 왔다고 들었어요. 어땠어요?
   나: _____.

5) 가: 지난 학기에 '한국 문화의 이해'라는 강의를 들었지요? 어땠어요?
   나: _____.

3. 그림을 보고 친구와 이야기해 보세요.

제주도 여행이 어땠어요?

경치가 정말 아름답더라고요. 다음 휴가 때 꼭 다시 가고 싶어요.

문법과 표현 2 동-도록

1. 알맞은 것을 연결하고 문장을 완성해 보세요.

1)	아이들이 편하게 식사하다 •	•	꾸준히 운동하다
2)	건강을 지킬 수 있다 •	•	일찍 일어나다
3)	수업 시간에 늦지 않다 •	•	어린이용 의자를 준비하다
4)	감기에 걸리지 않다 •	•	이름을 써 두다
5)	공책을 잃어버리지 않다 •	•	손을 자주 씻다

1) 아이들이 편하게 식사하도록 어린이용 의자를 준비했어요.
2) _____.
3) _____.
4) _____.
5) _____.

2. 대화를 완성해 보세요.

1) 가: 시험을 또 망쳤어요.
   나: 다음에는 시험을 잘 볼 수 있도록 열심히 공부하세요.

2) 가: 아기가 밤에 잠을 잘 안 자서 큰일이에요.
   나: _____.

3) 가: 한국어 발음이 너무 나빠서 고민이에요.
   나: _____.

4) 가: 요즘 수업 시간에 자꾸 졸아요.
   나: _____.

3. 그림을 보고 대화를 완성해 보세요.

1)
가: 왜 그렇게 나나 씨를 걱정해요?
나: 이틀이 지나도록 연락이 안 돼서요.
(이틀이 지나다)

2)
가: 갑자기 전기가 안 들어와요.
나: 여기 좀 보세요. _____.
(세 달이 넘다)

3)
가: 피곤해 보이는데 무슨 일 있어요?
나: 시험 때문에 어제 _____.
(밤새다)

4)
가: 누구 기다려요? 왜 아까부터 여기에 서 있어요?
나: 만나기로 한 친구가 _____.
(한 시간이 되다)

4. 다음 장소들에 대해 바라는 점을 이야기해 보세요.

식당   학교   기숙사   쇼핑몰   스포츠 센터

> 저는 견과류 알레르기가 있어서 견과류를 못 먹어요. 저처럼 알레르기가 있는 사람이 실수로 주문하지 않도록 식당 메뉴판에 어떤 재료가 들어 있는지 잘 쓰여 있었으면 좋겠어요.

 견과류 nut   알레르기 allergy

어휘 Vocabulary

1. 알맞은 것을 골라서 대화를 완성해 보세요.

> 착각하다   실망하다   오해하다   다투다   화해하다

1) A: 저기 서 있는 사람이 나나 씨지요? 같이 가서 인사할까요?
   B: 나나 씨가 아니에요. 그런데 정말 닮았네요. **착각할 만하네요**.

2) A: 동생이 또 말도 없이 제 옷을 입고 나갔어요. 정말 화가 나요.
   B: 제 동생도 항상 제 물건을 마음대로 써요. 그래서 동생하고 자주 _____.

3) A: 가수 민하의 콘서트가 취소됐대요.
   B: 기대를 많이 했는데 너무 아쉽네요. 공연이 갑자기 취소돼서 _____ 팬들이 많을 것 같아요.

4) A: 왜 계속 제 전화를 안 받아요?
   B: 중요한 회의가 있었어요. _____지 마세요.

5) A: 친구하고 싸워서 기분이 안 좋아요. 친구가 연락도 없이 약속 장소에 안 나와서 제가 심하게 화를 냈거든요.
   B: 많이 속상하겠어요. 그런데 친구한테도 사정이 있었을 거예요. 친구하고 빨리 _____.

2. 알맞은 것을 골라서 글을 완성해 보세요.

사이좋다   오해를 풀다   사과하다   화해하다   이해가 되다   솔직히 말하다

친구와 오랫동안 1) 사이좋게 지내는 방법

친구와 다툰 후 2) _____고 싶은데 어떻게 해야 할지 몰라서 고민하고 계십니까? 그럴 때는 먼저 미안하다고 3) _____ 아/어 보세요. 그리고 마음을 열고 친구의 말을 잘 들어 보세요. 그럼 친구가 왜 그런 행동을 했는지 4) _____(으)ㄹ 겁니다.

친구와 대화할 때에는 오해가 생기지 않도록 자신의 생각을 5) _____ 아야/어야 합니다. 그럼 6) _____(으)ㄹ 수 있을 겁니다.

3. 친구들을 인터뷰해 보세요.

	친구:	친구:
1) 다른 사람을 오해한 적이 있습니까?		
2) 친구와 다퉜을 때 어떻게 화해했습니까?		
3) 친구와 사이좋게 지낼 수 있는 방법을 알고 있습니까?		

다른 사람을 오해한 적이 있습니까?

네. 선배가 늦은 시간에 자주 메시지를 보내서 저를 좋아한다고 오해했어요. 그런데….

문법과 표현 3   동-을 뻔하다

1. 대화를 완성해 보세요.

1) 가: 드디어 내일 가수 유나가 콘서트를 하네요.
   나: 네. 빨리 예매를 안 했으면 콘서트를 <u>못 볼 뻔했어요</u>. (못 보다)

2) 가: 하이 씨가 한국말을 정말 잘하네요.
   나: 네. 저도 하이 씨의 한국말을 듣고 한국 사람이라고 _____. (오해하다)

3) 가: 저 이제 배우 준서 씨의 인터뷰 영상을 영어 자막 없이 볼 수 있게 되었어요.
   나: 정말 기쁘겠어요. 한국어를 안 배웠으면 _____. (후회하다)

4) 가: 오늘 아침에 비가 많이 와서 회사에 _____. (늦다)
   나: 저도 지각할까 봐 30분 일찍 출발했어요.

5) 가: 이번 일을 끝낸 소감을 말씀해 주세요.
   나: 힘들어서 _____ 는/(으)ㄴ데 팀원들 덕분에 끝까지 잘할 수 있었어요. (포기하다)

6) 가: 카드를 잃어버려서 점심을 _____ 는데/(으)ㄴ데 친한 후배가 점심을 사 줬어. (못 먹다)
   나: 내일 점심은 네가 사야겠네.

7) 가: 내일 수지 씨 생일 파티에 갈 거지요?
   나: 아, 내일이 수지 씨 생일이지요? 알려 줘서 고마워요.
      요즘 너무 바빠서 _____. (잊어버리다)

자막 subtitles   소감 thought

2. 문장을 완성해 보세요.

1) 바람이 많이 불어서 나무가 <u>쓰러질 뻔했어요</u>.

2) 급하게 뛰어가다가 _____.

3) 지하철에서 졸다가 _____.

4) 영화가 너무 슬퍼서 _____.

3. 그림을 보고 친구와 이야기해 보세요.

화장실 바닥이 미끄러워서 넘어질 뻔했어요.

정말 큰일 날 뻔했네요. 다치지 않아서 다행이에요.

문법과 표현 4 — 명이라고 (해서) 다 동-는/형-은/명인 것은 아니다

1. 대화를 완성해 보세요.

1) 가: 한국 사람은 누구나 매운 음식을 잘 먹는다고 들었어요.
   나: 한국 사람이라고 해서 다 매운 음식을 잘 먹는 것은 아니에요.
   매운 음식을 잘 못 먹는 사람도 많아요.

2) 가: 동생이 가수라고 들었어요. 노래를 잘 부르겠네요.
   나: _____.
   제 동생은 춤을 잘 춰서 가수가 됐어요.

3) 가: 이번 방학에 사막으로 여행을 떠날 예정이에요. 사막은 무척 덥겠지요?
   나: _____.
   밤에는 추워지니까 겉옷을 준비하는 게 좋을 거예요.

4) 가: 저는 늘 시장에서 물건을 사요. 백화점은 물건값이 비싸니까요.
   나: _____.
   세일 기간에는 시장보다 저렴하게 물건을 살 수 있어요.

5) 가: 시골에 사니까 조용해서 좋겠어요.
   나: _____.
   제가 사는 곳 근처에 유명한 카페가 있어서 좀 시끄러운 편이에요.

6) 가: 토모 씨는 요리사니까 무슨 음식이나 다 만들 수 있지요?
   나: _____.
   저는 일본 요리에는 자신이 있지만 다른 나라 요리는 만들어 본 적이 없어요.

7) 가: 미나 씨는 우등생이니까 이번 시험에서도 일등이겠지요?
   나: _____.

사막 desert   우등생 honor student

2. 대화를 완성해 보세요.

1) 가: 이 노트북이 비싸니까 성능도 좋겠지요?
   나: 노트북이 비싸다고 해서 언제나 성능이 좋은 것은 아니에요.
   저렴하지만 성능이 좋은 노트북도 있어요.

2) 가: 카이 씨는 돈이 많으니까 아무 걱정도 없겠지요?
   나: _____.
   돈으로 해결하지 못하는 문제들도 많으니까요.

3) 가: 요즘 운동을 열심히 하니까 건강해지겠지요?
   나: _____.
   잘 먹고 잘 쉬어야 더 건강해질 수 있어요.

4) 가: 소피아 씨는 한국에서 오래 살았으니까 한국말을 잘하겠네요.
   나: _____.
   소피아 씨는 일할 때 영어로만 말해서 아직 한국어가 익숙하지 않대요.

5) 가: 두 사람이 오랫동안 사귀었으니까 곧 결혼하겠네요.
   나: _____.
   요즘에는 결혼하지 않고 연애만 하는 사람들도 많으니까요.

3. 고정 관념에 대해 친구와 이야기해 보세요.

한국 사람들은 누구나 김치를 좋아하지요?

한국 사람이라고 해서 누구나 김치를 좋아하는 건 아니에요. 김치를 잘 안 먹는 한국 사람도 있어요.

연애 dating   고정 관념 stereotype

9

사건과 사고 Incidents & Accidents

9-1 사고와 부상
9-2 분실

	어휘	사고
9-1	문법과 표현	동-는다고(요), 형-다고(요), 명-이라고(요)
		동-다(가)
9-2	어휘	분실과 도난
	문법과 표현	명만 하다
		동-어지다

어휘 Vocabulary

1. 그림을 보고 사고의 원인으로 알맞은 것을 연결해 보세요.

1)
   • 운전자가 신호를 어겼다.

2)
   • 운전자가 음주 운전을 했다.

3)
   • 운전자가 과속을 했다.

2. 알맞은 것을 골라서 문장을 완성해 보세요.

| 빠지다 | 끼이다 | 갇히다 | 물리다 |

1)
최근 바다에서 수영할 때 구명조끼를 입지 않아서 물에 __빠지는__ 사고가 늘고 있습니다. 바다에서 수영할 때에는 반드시 구명조끼를 입으셔야겠습니다.

2)
어젯밤 공사를 하고 있던 건물이 무너졌습니다. 다행히 늦은 시간이어서 무너진 건물에 _____ 거나 다친 사람은 없다고 합니다.

3)
지난주 공원에서 할머니가 개에게 _____ 사고가 있었습니다. 이 할머니는 현재 병원으로 옮겨져 치료를 받고 있다고 합니다.

4)
요즘 출퇴근 시간에 지하철 문에 _____ 사고가 많이 일어난다고 합니다.

구명조끼 life jacket

3. 알맞은 것을 골라서 대화를 완성해 보세요.

> 수술하다   삐다   부러지다   찢어지다   꿰매다   깁스를 하다

1) 가: 제인 씨가 교통사고를 당했다고 들었어요. 많이 다쳤대요?
   나: 네. 허리를 크게 다쳐서 __수술했대요__ .

2) 가: 옷이 왜 그래요?
   나: 학교에 오다가 넘어져서 바지가 _____.

3) 가: 상처를 보니까 많이 아팠겠어요.
   나: 네. 다섯 바늘이나 _____는데/(으)ㄴ데 이렇게 아플 줄 몰랐어요.

4) 가: 오늘은 구두 대신에 운동화를 신었네요.
   나: 어제 발목을 _____아서/어서 구두를 신을 수 없었어요.

5) 가: 민준 씨는 오늘 왜 축구를 안 한대요?
   나: 다리가 _____아서/어서 다 나을 때까지 운동할 수 없대요.

6) 가: 마이클 씨, 팔을 크게 다쳤다고 들었어요. 많이 아파요?
   나: 네. 2주 정도 _____아야/어야 한대요.

4. 그림을 보고 사고가 난 상황을 친구에게 이야기해 보세요.

1) 민수 씨가 산에서 내려오다가 미끄러졌대요. 그래서….

2) ?

상처 wound   바늘 needle

문법과 표현 ❶ 동-는다고(요), 형-다고(요), 명-이라고(요)

1. 대화를 완성해 보세요.

1) 가: 어제 계단에서 넘어져서 다리가 부러졌어요.
   나: 네? <u>다리가 부러졌다고요</u>?

2) 가: 저는 김치를 못 먹어요.
   나: 네? _____? 저는 한국 사람은 다 김치를 잘 먹는 줄 알았어요.

3) 가: 조심하세요. 커피가 뜨거워요.
   나: 네? _____? 저는 아이스커피를 주문했는데요.

4) 가: 내일 수업은 휴강이래요.
   나: 네? _____? 우리 팀이 발표하는 날인데요.

5) 가: 저 어제 산에서 뱀에게 물렸어요.
   나: 네? _____? 괜찮아요?

6) 가: 저 내일 여행을 갈 거예요.
   나: 네? _____? 일기 예보에서 내일 폭우가 내린다고 했어요.

2. 대화를 완성해 보세요.

1) 가: 저 내일 제주도에 가요.
   나: 뭐라고요?
   가: <u>내일 제주도에 간다고요</u>.

2) 가: 해운대는 경치가 정말 아름다워요.
   나: 네? 잘 못 들었어요.
   가: _____.

3) 가: 밖에 비가 와요.
   나: 네? 뭐라고 했어요?
   가: _____.

4) 가: 여행 준비를 다 끝냈어요.
   나: 네? 뭐라고요?
   가: _____.

5) 가: 이 식당 음식은 다 맛있어요.
   나: 미안하지만 못 들었어요. 다시 한번 이야기해 주시겠어요?
   가: _____.

6) 가: 이번 주말에 집들이를 할 거예요.
   나: 방금 뭐라고 했어요?
   가: _____.

아이스커피 iced coffee   휴강 canceled lecture

3. 대화를 완성해 보세요.

1) 가: 내일 서울대입구역에서 만나자.
   나: 어디에서 만나자고 _____?
   가: 서울대입구역에서 만나자고 _____.

2) 가: 저는 오늘 4시에 약속이 있어요.
   나: _____?
   가: _____.

3) 가: 내일 불꽃 축제를 보러 갈 거예요?
   나: _____?
   가: _____.

4) 가: 우리 수업 끝나고 아야나 씨하고 같이 밥 먹어요.
   나: _____?
   가: _____.

5) 가: 지우개 좀 빌려줘.
   나: _____?
   가: _____.

4. 친구에게 놀랄 만한 이야기를 전해 보세요.

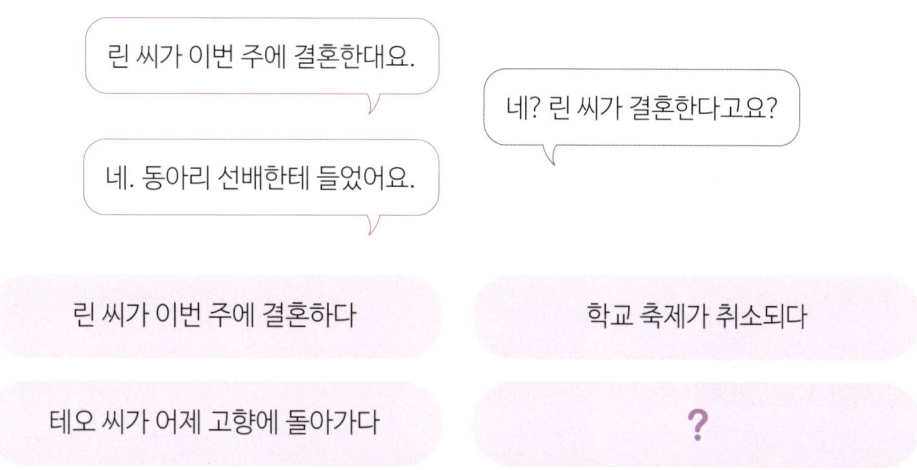

불꽃 축제 firework festival

문법과 표현 2 동-다(가)

1. 알맞은 것을 연결하고 문장을 만들어 보세요.

1) 계단을 내려가다	•	• 선생님께 야단맞다
2) 과속을 하다	•	• 교통사고를 내다
3) 설거지를 하다	•	• 다른 사람과 부딪치다
4) 버스에서 내리다	•	• 깨진 컵에 손을 베이다
5) 수업 시간에 휴대폰을 보다	•	• 오토바이에 치이다

1) 계단을 내려가다가 다른 사람과 부딪쳤어요.
2) _____.
3) _____.
4) _____.
5) _____.

2. 대화를 완성해 보세요.

1) 가: 어떻게 하다가 발목을 삐었어요?
   나: 구두를 신고 뛰어가다가 넘어져서 발목을 삐었어요. (구두를 신고 뛰어가다, 넘어지다)

2) 가: 어떻게 하다가 물에 빠졌어요?
   나: _____. (수영하다, 다리에 쥐가 나다)

3) 가: 뭐 하다가 이마가 찢어졌어요?
   나: _____. (청소하다, 선반에 부딪히다)

4) 가: 어쩌다가 늦었어요?
   나: _____. (지하철에서 졸다, 내릴 역을 놓치다)

 야단맞다 to be scolded   손을 베이다 to cut one's hand   쥐가 나다 to have a muscle cramp

3. 알맞은 것을 넣어서 글을 완성해 보세요.

5월 3일 금요일

　오늘은 정말 운이 나쁜 날이었다. 알람을 맞추고 잤는데 시계가 고장 났다. 그래서 늦잠을 1) <u>　자다가　</u> 학교에 지각할 뻔했다. 그리고 지각하지 않으려고 급하게 계단을 2) ＿＿＿＿＿＿ 넘어져서 무릎을 다쳤다. 무릎이 찢어져서 피가 났다. 너무 아프고 속상했다. 수업 시간에는 친구와 3) ＿＿＿＿＿＿ 선생님께 야단을 맞았다. 수업이 끝나고 집에 돌아올 때에는 지하철에서 4) ＿＿＿＿＿＿ 내릴 역을 놓쳤다. 그래서 동생 생일 파티에 늦었다. 오늘은 정말 힘든 하루였다. 내일은 좋은 일만 생겼으면 좋겠다.

4. 어렸을 때 야단맞은 경험에 대해 이야기해 보세요.

저는 수업 시간에 휴대폰으로 게임을 하다가 선생님께 야단맞은 적이 있어요.

운이 나쁘다 to be unlucky

어휘 Vocabulary

1. 알맞은 것을 골라서 대화를 완성해 보세요.

> 도난을 당하다   분실하다   보관하다   신고하다   돌려주다

1) 가: 경찰서지요? 집에 도둑이 든 것 같아요. 집에 왔을 때 창문과 서랍이 모두 열려 있었어요.
   나: <u>도난을 당한</u> 물건이 있으십니까?

2) 가: 아야나 씨한테 빌린 책은 다 읽었어?
   나: 응. 다 읽고 어제 아야나 씨한테 _____.

3) 가: 조금 전에 열쇠를 찾으러 오라는 안내 방송을 듣고 왔는데요.
   나: 운동장에서 열쇠를 _____ 학생이군요. 여기 있어요.

4) 가: 하이 씨, 책장에 있는 이 공책들은 뭐예요?
   나: 제가 쓴 일기예요. 저는 어렸을 때부터 쓴 일기들을 계속 _____ 고 있어요.

5) 가: 저기에 사람이 쓰러져 있어요. 어떡하죠?
   나: 일단 119에 빨리 _____ (으)세요.

2. 알맞은 것을 골라서 문장을 완성해 보세요.

> 세모   네모   마름모   동그라미

1) 이 표지판은 _____ 모양이에요.

2) 이 한국어 책은 _____ 모양이에요.

3) 이 귀걸이는 _____ 모양이에요.

4) 이 빵은 _____ 모양이에요.

3. 다음을 보고 알맞은 것을 골라서 문장을 완성해 보세요.

> 거칠다   평평하다   뾰족하다   딱딱하다   둥글다   울퉁불퉁하다   매끄럽다

1) 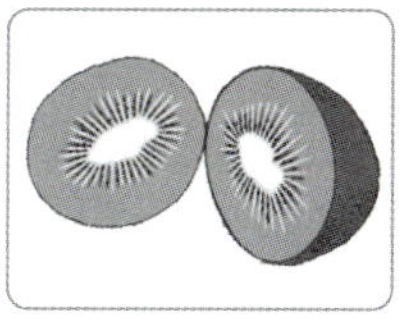 이 과일은 속은 부드러운데 껍질이 <u>거칠어요</u>.

2)  이 바위는 식탁처럼 넓고 _____.

3)  구두 굽이 높고 _____ 아서/어서 걸을 때 불편할 것 같아요.

4)  이 화장품을 바르면 피부가 _____ 아/어진대요.

5) 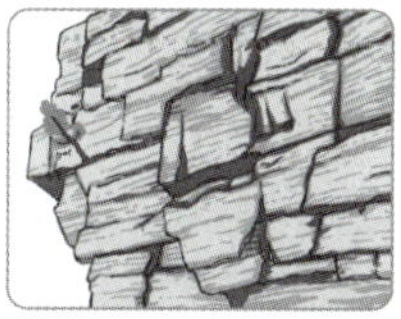 저는 암벽 등반하는 게 취미예요. _____ 바위를 오르는 게 정말 재미있어요.

6)  하늘에 쟁반처럼 _____ 달이 떴네요.

7)  이 의자는 너무 _____ 아서/어서 오래 앉아 있기 불편해요.

4. 가지고 있는 물건의 모양이나 느낌에 대해 이야기해 보세요.

> 작년 생일에 친구한테 가방을 선물로 받았어요. 그 가방은 동그라미 모양인데 작아서 들고 다니기 편해요. 그리고….

껍질 peel   바위 boulder   암벽 등반 rock climbing   쟁반 tray

문법과 표현 3 : 명만 하다

1. 대화를 완성해 보세요.

1)

가: 새로 산 컴퓨터의 크기가 커요?
나: 아니요. 작아요. <u>이 한국어 책만 해요</u>.

2)

가: 물건을 잃어버리셨다고요?
나: 네. 지갑을 잃어버렸어요.
　　검은색이고 크기는 _____.

3)

가: 새로 산 가방은 크기가 얼마만 해요?
나: _____.
　　크기도 적당하고 물건도 많이 들어가요.

4)

가: 혹시 이게 새로 산 카메라예요?
나: 맞아요. 진짜 작지요?
　　카메라가 _____.

5)

가: 어제 놀이공원에 갔다 왔지요?
나: 네. 정말 재미있었어요. 그리고 솜사탕을 먹었는데
　　솜사탕이 _____.

솜사탕 cotton candy

2. 대화를 완성해 보세요.

1) 가: 우산을 잃어버리셨다고요?
   나: 네. <u>손바닥만 한</u> 우산인데 하얀색이에요. (손바닥)

2) 가: 여기에 있던 _____ 지갑 못 봤어? (수첩)
   나: 거실 탁자 위에 있어요.

3) 가: 어제 생일 선물로 뭘 받았어?
   나: 친구한테 _____ 인형을 선물로 받았는데 정말 기뻤어. (사람)

4) 가: 저기 _____ 귤이 있네요. (오렌지)
   나: 네. 크기도 크고 맛있더라고요.

3. 알맞은 것을 골라서 문장을 완성해 보세요.

> 집채만 하다   대문짝만하다   모깃소리만 하다   운동장만 하다   쥐꼬리만 하다

1) 텔레비전에서 <u>집채만 한</u> 파도 때문에 집이 무너지는 것을 봤는데 너무 무서웠어요.
2) _____ 월급을 모아서 언제 집을 살 수 있을지 모르겠다.
3) 회사 동료 집에 놀러 갔는데 집이 _____ 아서/어서 깜짝 놀랐어요.
4) 선생님이 질문을 하시면 나도 모르게 긴장이 된다. 그래서 _____ 목소리로 대답하게 된다.
5) 동생이 자꾸 물건을 잃어버려서 엄마가 동생 물건에 이름을 _____ 게 쓰셨어요.

4. 지금 가지고 있는 물건 중에서 하나를 골라 친구들에게 설명해 보세요.

수첩 notebook

문법과 표현 ④ 동-어지다

1. 단어를 바꿔 보세요.

1) 고치다 → 고쳐지다　　2) 굽다 →
3) 깨다 →　　　　　　4) 끊다 →
5) 만들다 →　　　　　6) 믿다 →
7) 버리다 →　　　　　8) 쓰다 →
9) 외우다 →　　　　　10) 정하다 →
11) 지우다 →　　　　 12) 지키다 →
13) 짓다 →　　　　　 14) 켜다 →

2. 대화를 완성해 보세요.

1) 가: 지하철에 뭘 두고 내리셨다고요?
   나: 휴대폰을 두고 내렸어요. 파란색이고 액정이 <u>깨져 있어요</u>. (깨다)

2) 가: 세종 대왕이 한글을 언제 만들었는지 알아요?
   나: 한글은 1443년에 _____. (만들다)
   그런데 처음에는 한글을 사용하는 사람들이 많지 않았다고 해요.

3) 가: 집이 너무 더운 것 같아. 에어컨이 고장 났나 봐.
   나: 에어컨은 _____ 아/어 있는데 시원한 바람이 안 나오네. (켜다)

4) 가: 회식 장소는 _____? (정하다)
   나: 네. 회사 근처에 있는 한식당이래요.

5) 가: 이 건물은 100년 전에 _____. (짓다)
   나: 꽤 오래된 건물이네요.

액정이 깨지다 screen is cracked　　세종 대왕 King Sejong the Great

3. 알맞은 것을 고르세요.

1) 야구를 하다가 공을 잘못 던져서 창문이 (깼어요 / (깨졌어요)).

2) 나나 씨는 약속을 잘 (지키는 / 지켜지는) 편이에요.

3) 엘리베이터를 탔는데 갑자기 전화가 (끊었다 / 끊어졌다).

4) 빵이 잘 (구운 / 구워진) 것 같아요. 정말 맛있어 보이네요.

5) 나는 쓰던 물건을 잘 (버리지 / 버려지지) 못한다.

6) 휴대폰이 고장 났나 봐요. 휴대폰에 있던 사진이 다 (지웠어요 / 지워졌어요).

7) 내 친구는 거짓말을 자주 한다. 그래서 그 친구가 하는 말을 (믿을 수 없다 / 믿어지지 않는다).

4. 질문을 완성하고 친구와 이야기해 보세요.

어떻게 해야 단어가 잘 외워져요?

공책에 쓰면서 외우면 잘 외워지더라고요.

1) 어떻게 해야 단어가 <u>잘 외워져요</u>?

2) 영화로 _____ 소설을 알고 있어요?

3) 커피 때문에 생긴 얼룩이 _____ 않으면 어떻게 해야 해요?

4) 고향에서 잘 _____ 한국 사람이 있어요?

복습 3

말하기 Speaking

1. 다음 어휘를 설명해 보세요.

7단원

수입 ☐	아끼다 ☐	과소비하다 ☐	충분하다 ☐
지출 ☐	절약하다 ☐	모자라다 ☐	남다 ☐
늘다 ☐	저축하다 ☐	부족하다 ☐	적당하다 ☐
줄다 ☐	낭비하다 ☐		

새것 같다 ☐	멀쩡하다 ☐	거래하다 ☐	결제하다 ☐
품질이 좋다 ☐	싫증이 나다 ☐	구입하다 ☐	반품하다 ☐
버리기가 아깝다 ☐	지겹다 ☐	판매하다 ☐	

8단원

집을 계약하다 ☐	세면대가 막히다 ☐	소음이 심하다 ☐	전구를 갈다 ☐
전기 요금이 포함되다 ☐	물이 새다 ☐	배송이 안 되다 ☐	집을 내놓다 ☐
공과금을 납부하다 ☐	전기가 나가다 ☐	하수구를 뚫다 ☐	글을 올리다 ☐

착각하다 ☐	이해가 되다 ☐	사이좋다 ☐	오해를 풀다 ☐
실망하다 ☐	사과하다 ☐	오해하다 ☐	솔직히 말하다 ☐
다투다 ☐	화해하다 ☐		

9단원

물에 빠지다 ☐	교통사고가 나다 ☐	베다 ☐	꿰매다 ☐
문에 끼이다 ☐	음주 운전을 하다 ☐	부러지다 ☐	깁스를 하다 ☐
뱀에게 물리다 ☐	과속을 하다 ☐	찢어지다 ☐	수술하다 ☐
엘리베이터에 갇히다 ☐	신호를 어기다 ☐		

도난을 당하다 ☐	돌려주다 ☐	동그라미 ☐	평평하다 ☐
신고하다 ☐	세모 ☐	둥글다 ☐	딱딱하다 ☐
분실하다 ☐	네모 ☐	뾰족하다 ☐	거칠다 ☐
보관하다 ☐	마름모 ☐	울퉁불퉁하다 ☐	매끄럽다 ☐

2. 그림을 보고 모양과 느낌에 대해 설명해 보세요.

 옆에서 보면 세모 모양인데 위에서 보면 네모 모양이에요. 크기는 매우 크고 딱딱해요. 이것은 무엇일까요?

 혹시 피라미드 아니에요?

3. 다음 사고 상황을 보고 이야기해 보세요.

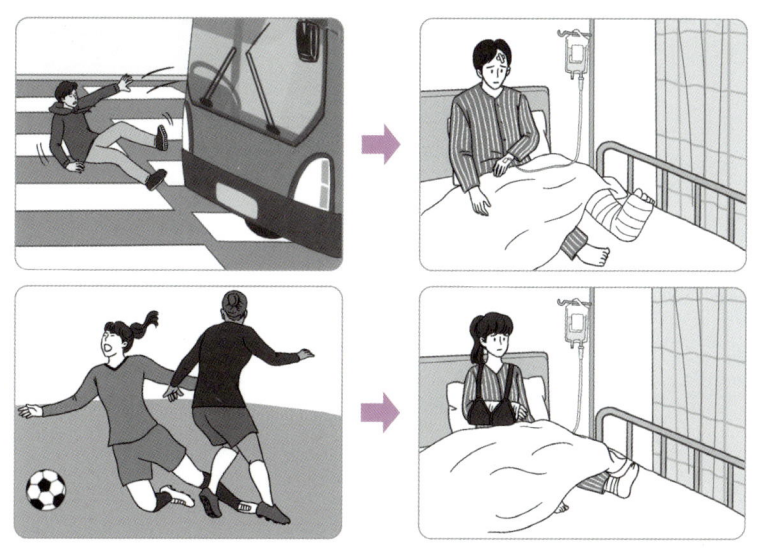

저는 횡단보도를 건너다가 버스에 치인 적이 있어요.

버스에 치였다고요? 정말 큰일 날 뻔했네요. 그래서 어떻게 됐어요?

피라미드 pyramid

4. 다음 문법과 표현을 확인해 보세요.

7단원

문법	예문
동-는 편이다, 형-은 편이다	저는 옷을 자주 **사는 편이에요**.
동-을까 말까 (하다)	새 지갑을 **살까 말까** 고민하다가 너무 비싸서 안 샀어요.
형-어하다	제가 준 선물을 받고 친구가 **기뻐했어요**.
동형-던	저는 형이 **타던** 차를 받아서 타고 있어요.

8단원

문법	예문
동형-더라고(요), 명이더라고(요)	어제까지는 괜찮았는데 아침부터 물이 잘 안 **내려가더라고요**.
동-도록	버스에서 **넘어지지 않도록** 손잡이를 꽉 잡으세요.
동-을 뻔하다	얼마 전에 카페에 지갑을 두고 나와서 **잃어버릴 뻔했어요**.
명이라고 (해서) 다 동-는/형-은/명인 것은 아니다	**한국 사람이라고 해서 다** 매운 음식을 **좋아하는 것은 아니에요**.

9단원

문법	예문
동-는다고(요), 형-다고(요), 명이라고(요)	네? 민수 씨가 사고를 **당했다고요**?
동-다(가)	축구를 **하다가** 넘어져서 다쳤어요.
명만 하다	혹시 제 필통 못 봤어요? 크기는 **손바닥만 해요**.
동-어지다	이 가방은 가죽으로 **만들어졌어요**.

5. 문법과 표현을 사용해서 친구와 이야기해 보세요.

1) 왜 에어컨을 껐어요?

2) 어쩌다가 사고가 났어요?

3) 노트북 새로 샀어요?

4) 시험이 끝나면 뭐 할 거야?

5) 한국 사람은 누구나 매운 음식을 잘 먹지요?

6) 나나 씨가 많이 아파서 병원에 입원했대요.

7) 어떻게 하면 한국어를 잘할 수 있을까요?

8) 지민 씨가 키우는 개가 아주 크다고 들었어요. 얼마만 해요?

9) 이 건물은 지은 지 오래되었다고 들었어요.

10) 새벽 1시가 넘었는데 아직 안 자요?

6. 친구와 이야기해 보세요.

- 생활비를 절약할 수 있는 특별한 방법을 알고 있습니까?
- 싸고 좋은 물건을 구입하는 비법이 있습니까?

- 집을 구할 때 가장 중요하게 생각하는 것은 무엇입니까?
- 한국과 고향의 문화가 달라서 곤란했거나 당황한 적이 있습니까?

- 최근에 일어난 사고를 알고 있습니까?
- 아끼는 물건이 있습니까? 그 물건은 어떻게 생겼습니까?

듣기 Listening

[1~2] 다음을 듣고 알맞은 것을 고르세요.

1. ①  ②  ③  ④

2. ① 휴가지 사고 ② 휴가지 사고 ③ 휴가지 사고 ④ 휴가지 사고

  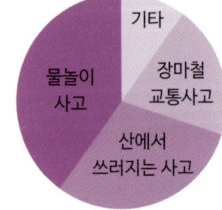 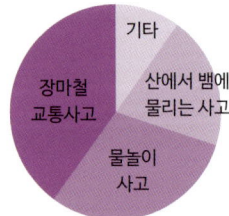

[3~6] 다음을 듣고 질문에 답하세요.

3. 대화를 듣고 이어질 수 있는 말로 가장 알맞은 것을 고르세요.

   ① 주소가 잘못된 것 같아요.   ② 이진호, 5488이에요.
   ③ 배송비를 어떻게 내야 돼요?   ④ 카드 결제를 취소하고 싶어요.

4. 대화가 끝난 후 남자가 이어서 할 행동으로 가장 알맞은 것을 고르세요.

   ① 옷장을 정리한다.   ② 여자와 함께 옷을 사러 간다.
   ③ 휴가를 떠날 준비를 한다.   ④ 백화점에 가서 결제를 취소한다.

5. 들은 내용과 같은 것을 고르세요.

   ① 신호등이 없는 도로에서 교통사고가 많이 발생한다.
   ② 학교 근처에서는 아이들이 뛰지 못하도록 해야 한다.
   ③ 횡단보도에서는 운전자가 신호를 지키지 않아서 사고가 나는 경우가 많다.
   ④ 학교 근처에서는 운전자들이 제한 속도를 잘 지키기 때문에 사고가 나지 않는다.

 전체 whole   경우 instance   파란불 green light   제한 속도 speed limit

6. 남자의 생각으로 가장 알맞은 것을 고르세요.

　① 한국의 배달 문화는 매우 흥미롭다.
　② 주말에는 야외에 나가서 식사하는 것이 좋다.
　③ 한강에서 배달 음식을 먹는 사람들을 보는 게 재미있다.
　④ 배달 음식을 시켜 먹는 것보다 직접 만들어서 먹는 것이 좋다.

[7~8] 다음을 듣고 질문에 답하세요.

7. 봄철에 산에서 일어날 수 있는 사고로 맞는 것을 모두 고르세요.

①  ②  ③  ④

8. 들은 내용과 같은 것을 고르세요.

　① 눈이 내리면 등산을 하지 말아야 한다.
　② 산에서는 항상 두꺼운 옷을 입어야 한다.
　③ 등산을 하기 전에 준비 운동을 하면 부상을 줄일 수 있다.
　④ 뱀에게 물릴까 봐 걱정이 돼서 등산을 하지 못하는 사람들이 많다.

[9~10] 다음을 듣고 질문에 답하세요.

9. 다음 중 남자가 만들려고 하는 것을 고르세요.

①  ②  ③  ④

10. 들은 내용과 같은 것을 고르세요.

　① 뜨개질을 하는 사람들이 점점 줄고 있다.　② 남자는 뜨개질로 컵 받침을 만들어 본 적이 있다.
　③ 수세미를 만들 때는 얇은 실을 사용해야 한다.　④ 뜨개질을 하면 물건을 사지 않고 직접 만들 수 있다.

소풍 picnic　등산객 hiker　근무하다 to work　봄철 spring season　해가 지다 sun sets　눈이 녹다 snow melts
등산로 hiking trail　부상 injury　뜨개질 knitting　수세미 sponge　실 yarn　거품이 나다 to foam　컵 받침 coaster

읽기 Reading

1. 다음을 읽고 무엇에 대한 글인지 고르세요.

> * 상품을 받은 후 7일 이내에 교환이나 환불을 신청할 수 있습니다.
> * 포장을 뜯거나 이미 사용하신 상품은 교환이나 환불이 되지 않습니다.
> * 물건을 받으신 후 상품에 문제가 있을 경우에는 무료로 교환해 드립니다.
> * 저희 한국홈쇼핑에서는 고객 여러분이 만족하실 수 있도록 언제나 최선을 다하겠습니다.

① 결제 방법　　② 상품 안내　　③ 반품 안내　　④ 수리 신청

[2~3] 다음을 읽고 글의 내용과 같은 것을 고르세요.

2.

서울오피스텔
위치: 한국대학교까지 버스로 10분 거리
월세: 50만 원
관리비: 10만 원

✓ 지난달에 지어진 새 건물이라 깨끗합니다.
✓ 관리비에는 수도 요금과 전기 요금이 포함되어 있지 않습니다.
✓ 오피스텔 바로 앞에 버스 정류장이 있어서 교통이 편리합니다.

① 지어진 지 얼마 안 된 건물이다.
② 학교까지 걸어서 10분 정도 걸린다.
③ 근처에 지하철역이 있어서 편리하다.
④ 관리비에 공과금이 모두 포함되어 있다.

 포장을 뜯다 to open packaging

3.

거실에 있는 소파가 지겨우시다고요? 오래된 옷장을 바꿀까 말까 고민이 되신다고요?
저렴한 가격에 가구를 바꿀 수 있는 기회를 놓치지 마세요!

내 손으로 직접 만드는 가구,
행복가구

행복가구는 누구나 쉽게 조립할 수 있도록 만든 제품입니다.

| 온라인 몰 바로 가기 | 주문/배송 | 고객 센터 | 나의 쇼핑 정보 |

✓ 온라인 몰을 이용하시면 매장에 방문하지 않고 집에서 편하게 가구를 받아 보실 수 있습니다.
✓ 매장에 방문하시면 온라인 몰에 있는 가구를 직접 보고 구입하실 수 있습니다.
✓ 비용을 추가하시면 가구를 직접 조립해 드립니다.

① 여기에서는 완성된 가구만 판다.
② 비용을 추가하면 가구 만드는 방법을 배울 수 있다.
③ 온라인 몰에 있는 가구는 매장에서도 직접 볼 수 있다.
④ 가구를 직접 조립할 수 있는 사람만 가구를 살 수 있다.

4. 다음을 순서대로 맞게 나열한 것을 고르세요.

(가) 잘 모를 경우 지하철 직원에게 교통 카드를 보여 주면 내린 역과 시간을 쉽게 알 수 있습니다.
(나) 그다음에 내린 역과 가까운 분실물 센터를 검색한 후 분실한 물건이 있는지 확인해 봅니다.
(다) 지하철에서 물건을 분실했을 때는 먼저 내린 역과 시간을 확인해야 합니다.
(라) 분실물 센터에 잃어버린 물건이 있으면 신분증을 들고 방문하면 됩니다.

① (다) - (가) - (라) - (나) ② (라) - (다) - (가) - (나) ③ (다) - (가) - (나) - (라) ④ (라) - (다) - (나) - (가)

조립하다 to assemble

5. 다음 글에서 보기 의 문장이 들어가기에 가장 알맞은 곳을 고르세요.

> 어젯밤 11시, 목동사거리에서 오토바이와 승용차가 부딪치는 사고가 났다. (㉠) 사고가 났을 때 오토바이 운전자는 횡단보도 앞에서 신호를 기다리던 중이었다. (㉡) 이 사고로 오토바이 운전자 김 모 씨가 크게 다쳤다. (㉢) 경찰 조사에서 승용차를 운전하던 최 모 씨는 신호를 어기고 과속을 했다고 말했다. (㉣) 그리고 사고가 났을 때 도로가 어두워서 오토바이를 보지 못했다고 말했다.

> 보기 김 모 씨는 현재 병원으로 옮겨져 치료를 받고 있다.

① ㉠   ② ㉡   ③ ㉢   ④ ㉣

[6~7] 다음을 읽고 질문에 답하세요.

㉠_____   LEI신문

　최근 중고 거래 앱의 인기가 높아지고 있다. 비싸서 살까 말까 하던 물건을 저렴한 가격에 구입할 수 있기 때문이다. 보통 다른 사람들이 쓰던 물건은 낡고 지저분할 거라고 생각한다. 하지만 실제로 중고 거래 앱에는 품질이 좋고 버리기 아까운 물건들이 자주 올라온다. 얼마 전 한 중고 거래 회사에서 앱 이용자에 대한 조사를 했다. 그 결과 중고 거래에 만족한다고 대답한 사람은 70%였다. 앱 이용자들은 중고 거래를 하면서 생활비를 많이 절약할 수 있게 되어 좋다고 말했다. 그리고 중고 거래 앱을 이용하면서 잘 모르고 지내던 이웃 주민들과 가까워진 것 같아서 기쁘다고 했다.
　그런데 중고 거래의 인기가 높아지면서 판매자와 구매자 사이에 문제가 생기는 경우가 늘고 있다고 한다. 한 중고 거래 회사의 직원은 중고 거래를 할 때 문제가 생기지 않도록 판매자와 구매자 모두 조심해야 한다고 하면서 다음과 같이 조언했다. 우선 판매자는 중고 거래 앱에 글을 올리기 전에 그 물건이 쓸 만한 물건인지 고장은 없는지 잘 확인해 봐야 한다. 그리고 물건을 사는 구매자는 구입한 물건이 새 상품이 아니라는 점을 잊지 말아야 한다. 이런 마음으로 물건을 사고팔면 중고 거래를 할 때 생기는 문제를 예방할 수 있을 것이다.

6. 신문 기사의 ㉠ 제목으로 알맞은 것을 고르세요.

① 중고 거래 앱 이용자 늘어
② 중고 거래로 쓰지 않는 물건 버리기
③ 중고 거래 앱으로 부자가 된 사람들
④ 중고 거래를 어려워하는 사람들 많아져

　승용차 car　　낡다 to be old

7. 이 글의 내용과 같은 것을 고르세요.

① 온라인으로 중고 거래를 하는 것은 매우 위험하다.
② 중고 물건을 판매하는 사람은 새 제품만을 판매해야 한다.
③ 중고 거래 앱에서 만난 사람들의 모임이 최근 인기를 끌고 있다.
④ 중고 거래 앱을 이용하면 생활에 필요한 물건들을 저렴한 가격에 구입할 수 있다.

[8~9] 다음을 읽고 질문에 답하세요.

> 안녕하세요? 저는 중학생이 된 딸을 키우고 있는 엄마입니다. 아이가 어렸을 때는 항상 저만 찾아서 피곤할 때도 있었습니다. 그런데 요즘은 아이가 저와 대화도 하지 않으려고 합니다. 며칠 전에는 아이가 제 말을 하도 안 들어서 크게 야단을 쳤습니다. 그런데 엄마인 제가 자기 마음을 전혀 이해하지 못한다고 생각한 것 같습니다. 저는 아이가 어른이 되기 전에 가르쳐 주고 싶은 것이 많은데 요즘 딸과 사이가 멀어진 것 같아서 무척 속상합니다. 아이와 사이가 멀어진 것이 제 잘못일까요? 아이와 오해를 풀고 다시 사이좋게 지내고 싶습니다.
>
> ↳ 정말 고민이 많으시겠어요. 아이가 어릴 때에는 부모가 아이 곁에 있어 줘야 합니다. 그러나 아이가 아직 (　　　) 부모의 도움이 항상 필요한 것은 아닙니다. 아이들은 크면서 혼자서 할 수 있는 일들을 찾으려고 합니다. 이때 아이와 너무 가까워지려고 하면 아이는 부모가 자신을 믿지 못한다고 오해를 하게 됩니다. 아이와 사이좋게 지내는 방법은 서로 조금 거리를 두고 아이의 말을 잘 들어 주는 것입니다. 스스로 결정하고 행동할 수 있도록 아이를 조금 더 믿어 주세요.

8. (　　)에 들어갈 내용으로 알맞은 것을 고르세요.

① 어리다고 해서　　　　② 피곤해한다고 해서
③ 귀찮게 한다고 해서　　④ 오해를 한다고 해서

9. 이 글의 중심 생각을 고르세요.

① 부모는 아이를 존중해 주고 믿어 줘야 한다.
② 아이가 성인이 되면 혼자 살도록 해야 한다.
③ 아이는 언제나 부모의 말을 믿고 따라야 한다.
④ 아이와 부모는 항상 가까이 지내는 것이 중요하다.

 거리를 두다 to keep a distance

쓰기 Writing

1. 알맞은 것을 골라서 써 보세요.

> 멀쩡하다   모자라다   보관하다   착각하다
> 신호를 어기다   화해하다   아끼다   세면대가 막히다

1) 여행 비용과 시간을 _____ (으)려면 미리 계획을 잘 세워야 해요.
2) 저는 요리를 할 때 재료가 _____ (으)ㄹ까 봐서 항상 충분히 준비해요.
3) 이 밥솥은 산 지 오래됐지만 아직 _____ 아서/어서 버리기가 아까워요.
4) 화장실 _____ 는/(으)ㄴ 것 같아요. 물이 잘 안 내려가요.
5) 시험을 볼 때 시간을 _____ 아서/어서 문제를 다 못 풀었어요.
6) 음식이 상하지 않도록 잘 _____ (으)면 더 오랫동안 먹을 수 있어요.

2. 공통으로 들어갈 단어를 찾아서 문장에 맞게 써 보세요.

1) ☐☐☐

   가) 저는 돈을 _____ 기 위해서 가까운 곳은 걸어서 가요.
   나) 제가 _____ 물건은 어머니가 주신 가방이에요. 이 가방은 파란색이고 한국어 책만 해요.

2) ☐☐☐

   가) 오늘이 보름이라서 밤하늘에 _____ 달이 떴어요.
   나) 성격이 _____ 사람은 대인 관계가 원만해서 친구가 많아요.

3) ☐☐☐

   가) 나무껍질처럼 _____ 아진/어진 아버지의 손을 보고 눈물이 났어요.
   나) 태풍이 불어서 파도가 _____ 아/어졌어요.

> 보름 fifteen days/15th day of the lunar calendar   달이 뜨다 moon rises
> 대인 관계가 원만하다 to have good interpersonal relationships   파도 waves

3. **알맞은 표현을 골라서 대화를 완성해 보세요.**

   ┌───┐
   │   -다(가)   -다고(요)   -던   -도록   │
   │   -는 편이다   -을까 말까 (하다)   -을 뻔하다   만 하다 │
   └───┘

   1) 가: 커피를 정말 좋아하시나 봐요.
      나: 네. _____

   2) 가: 방학 때 뭘 할 거예요?
      나: _____

   3) 가: 이 자전거는 처음 보는데 새로 산 거예요?
      나: 아니요. _____

   4) 가: 과장님이 주말에 운동을 하다가 쓰러지셨대요.
      나: 네? _____

   5) 가: 늦잠을 자서 오늘 또 지각했어요. 어떻게 하면 아침에 일찍 일어날 수 있을까요?
      나: _____

   6) 가: 이따가 동창회에 너도 참석할 거지? 몇 시쯤 올 거야?
      나: 동창회가 오늘이었어? _____

   7) 가: 잃어버린 지갑은 크기가 얼마만 해요?
      나: _____

4. **틀린 부분을 찾아서 맞게 고쳐 보세요.**

   1) 저희 어머니께서 강아지를 무서워서 강아지를 키울 수 없어요. ➡ _____

   2) 어젯밤에 바람이 심하게 불어서 유리창이 깼어요. ➡ _____

   3) 한국 사람이라고 다 김치를 잘 먹은 것은 아니에요. ➡ _____

 과장 manager

5. 알고 있는 사고에 대해 200~300자로 쓰세요.

> ❶ 언제 어디에서 일어난 일입니까?
> ❷ 사고가 난 이유는 무엇입니까?
> ❸ 사고 때문에 다친 사람이 있습니까?
> ❹ 사고 후에 어떤 생각이 들었습니까?

발음 Pronunciation

🎧 잘 들어 보세요.

❶ 지난달에 여행을 갔다 와서 지출이 많이 **늘었거든요**.
❷ 부동산에 방을 **내놓을게요**.
❸ **심심했는데** 잘됐다.

🎧 잘 듣고 따라 해 보세요.

❶ 지금 거의 다 **왔거든요**. 조금만 더 기다려 주세요.
❷ 지갑을 **잃어버렸어요**.
❸ **앞문**으로 들어오세요.

🎧 잘 듣고 친구와 연습해 보세요.

❶ 가: 왜 밥을 안 먹어요?
   나: 조금 전에 샌드위치를 **먹었거든요**.

❷ 가: 손님들이 **많이** 오셨나요?
   나: 네. **삼십 명**쯤 온 것 같아요.

❸ 가: 엄마, 저 **앞니**가 흔들려요.
   나: 정말이니? 어디 한번 보자.

❹ 가: **콧물**이 계속 나네.
   나: 오늘은 꼭 병원에 가야겠다.

복습 1

[1~2] 다음을 듣고 알맞은 것을 고르세요.

❶ 여: 다음 주에 우리 과에서 춘천으로 엠티를 간대. 너도 갈 거지?
남: 나도 가고 싶은데 그날은 동아리 모임이 있어. 그리고 모임이 끝나자마자 아르바이트가 있어서 이번에는 못 갈 것 같아.
여: 그렇구나. 같이 가면 재미있을 텐데 정말 아쉽다.

❷ 여: 외국인 유학생 100명에게 한국에서 여행 가고 싶은 곳이 어디냐고 물었습니다. 외국인 유학생에게 가장 인기 있는 여행지는 제주도였습니다. 유학생 중 53%는 제주도의 아름다운 경치를 보고 싶다고 대답했습니다. 그다음으로 인기 있는 여행지는 전주였습니다. 27%의 학생들이 비빔밥과 한옥으로 유명한 전주에서 다양한 체험을 하고 싶다고 대답했습니다. 이 외에도 수원과 춘천을 여행하고 싶다고 대답한 학생들이 각각 10%였습니다.

[3~6] 다음을 듣고 질문에 답하세요.

❸ 남: 요즘 새로 시작한 드라마 '캠퍼스 이야기' 봤어요?
여: 아니요. 어떤 드라마인데요?
남: 대학교 밴드 동아리 학생들이 노래 대회에 참가하는 내용이에요. 영상이 멋지고 배우들이 연기를 잘해서 시청자들의 많은 사랑을 받고 있대요.

❹ 남: 수강 신청은 잘했어요? 다음 학기에 무슨 수업을 들을 거예요?
여: 글쎄요. 아직 잘 모르겠어요. 선배가 외국어 수업을 들으면 좋다고 해서 이번 학기에는 스페인어 수업을 들어 볼까 해요.
남: 그 과목은 인기가 많아서 수강 신청하기가 하늘의 별 따기라고 들었어요. 그리고 이미 수강 신청 기간이 끝났을 텐데요. 빨리 인터넷에 들어가서 확인해 보세요.
여: 네. 그럴게요.

❺ 여: 다음 주 월요일부터 일주일 동안 우리 학교에서 봄 축제가 열립니다. 먼저 운동장에서 우리 학교 유학생들이 고향의 음식을 직접 만들어서 판매한다고 합니다. 꼭 방문하셔서 여러 나라의 음식 문화를 체험해 보세요. 내일 오후 1시 대강당에서는 음악 동아리에서 준비한 공연을 무료로 즐기실 수 있습니다. 그리고 축제 기간 동안 매일 저녁 7시에는 야외 잔디마당에서 영화를 감상할 수 있다고 합니다. 여러분의 많은 관심 부탁드립니다.

❻ 남: 저는 지금 벚꽃으로 유명한 여의도공원에 나와 있습니다. 제 주변에서 많은 시민분들이 봄꽃을 구경하고 계신데요. 두꺼운 겉옷을 벗고 얇은 옷을 입으신 분들이 많이 보입니다. 그런데 감기 조심하셔야겠습니다. 요즘 아침저녁으로 쌀쌀한 날씨가 계속되고 있는데요. 당분간 꽃샘추위가 이어질 것으로 보입니다. 이렇게 일교차가 클 때에는 평소보다 감기에 걸리는 사람이 30% 정도 많아진다고 합니다. 감기 예방을 위해서 물을 자주 드시고 외출하실 때에는 입고 벗기 편한 겉옷을 꼭 챙기시기 바랍니다. 지금까지 날씨와 생활이었습니다.

[7~8] 다음을 듣고 질문에 답하세요.

남: 저 이번 방학 때 도쿄로 여행을 가려고 해요. 일본 여행은 처음이라서 설레어요.
여: 제 고향이 도쿄예요. 궁금한 게 있으면 물어보세요.
남: 정말요? 8월 도쿄 날씨가 어때요? 많이 덥다고 들었는데 여행하기 힘들까 봐서 걱정이에요.
여: 서울보다 더 더워요. 습도도 높고요. 시원한 옷을 여러 벌 가져가는 게 좋을 거예요.
남: 그렇군요. 가 보면 좋을 곳도 좀 추천해 주세요.
여: 시부야에 가 보세요. 저는 시간이 있을 때 친구들과 시부야에 자주 갔어요. 거기에 맛있는 식당이 많고 쇼핑할 데도 많아요. 근처에 큰 공원이 있어서 산책하기도 좋고요.
남: 맛있는 식당도 좀 소개해 주세요.
여: 혹시 일본 라멘을 좋아하세요? 거기에 유명한 라멘 가게가 있어요. 사람들이 줄을 서서 먹는 곳인데 정말 맛있어요.
남: 같이 여행 가는 친구한테 꼭 먹어 보자고 해야겠어요.
여: 멋진 카페도 정말 많아요. 참, 거기서 찍은 사진이 있는데 한번 볼래요?
남: 좋아요. 많이 바쁠 텐데 도와줘서 정말 고마워요.

[9~10] 다음을 듣고 질문에 답하세요.

여: 아빠, 여기 좀 보세요. 잡지에 대학 생활에 대한 설문 조사가 실렸어요.
남: 그래? 무슨 내용인데?
여: 대학생 2,000명에게 현재 대학 생활에 만족하고 있는지 물어봤대요. 그런데 열 명 중 세 명은 대학 생활에 만족하지 않는다고 대답했대요.
남: 아니 왜? 대학생이 되면 새로운 친구들도 사귀고 다양한 경험도 할 수 있어서 좋을 텐데….
여: 요즘 대학생들은 공부 때문에 스트레스를 많이 받는다고 해요. 평소에 과제가 너무 많아서 힘들다고 대답한 학생들이 많았어요. 또 아르바이트 때문에 공부할 시간이 부족해서 걱정하는 학생들도 있었어요.
남: 요즘 취업하기가 어려워서 그런 것 같구나. 졸업하자마자 좋은 회사에 취직하려면 학점에 신경을 써야 하니까.
여: 그래도 저는 대학생이 되면 대학 생활을 즐기고 싶어요. 대학에서 여러 가지 경험을 하면 미래에 제가 정말 하고 싶은 일이 뭔지 찾을 수 있을 거라고 생각해요.

복습 2

[1~2] 다음을 듣고 알맞은 것을 고르세요.

① 여: 오늘 처음 오셨나 보네요. 저를 잘 따라 해 보세요. 먼저 똑바로 서세요. 그다음에 오른발을 왼쪽 허벅지 안쪽에 대세요. 그리고 양손을 모아서 위로 쭉 뻗으세요.
남: 이렇게 하면 되나요?
여: 네, 잘하셨어요. 그렇게 서서 숨을 깊게 마셨다가 뱉으세요.

② 남: 외국에서 살고 있는 한국인 100명에게 가장 그리운 고향 음식이 뭐냐고 물었습니다. 조사 결과 40%의 사람들이 한국에 돌아가면 매콤하고 따끈한 김치찌개를 먹을 생각이라고 대답했습니다. 30%는 상추에 삼겹살을 싸 먹고 싶다고 했습니다. 마지막으로 떡볶이와 김밥과 같은 분식이 그립다고 대답한 사람들은 25%였습니다. 그 외에 불고기나 냉면이라고 대답한 사람들도 있었습니다.

[3~6] 다음을 듣고 질문에 답하세요.

③ 남: 다음 주 목요일이 네 생일이네. 그날 우리 같이 명동에서 영화 보고 밥 먹을까?
여: 미안해. 생일에는 가족들하고 식사할 예정이야. 금요일은 어때? 금요일에는 아무 약속도 없는데….
남: 어떡하지? 금요일에는 회사 동료들과 영화를 보러 가기로 했어. 토요일은 어때?

④ 남: 좀 출출한데 떡볶이나 만들어 먹을까?
여: 좋아요. 저도 마침 배가 고팠거든요. 떡에 고추장을 넣고 볶기만 하면 되니까 금방 만들 수 있을 거예요.
남: 잘됐네요. 어? 냉장고에 어묵하고 야채는 있는데 떡이 없어요. 어떡하죠?
여: 그래요? 그럼 제가 얼른 가서 사 올게요.

⑤ 여: 여가 활동이라고 하면 보통 낚시나 등산을 생각하시는 분들이 많은데요. 최근 20~30대 직장인들 사이에서는 칼림바나 우쿨렐레와 같은 악기를 배우거나 나무를 깎아서 직접 필요한 물건을 만드는 색다른 취미 활동이 인기라고 합니다. 이런 취미 활동은 누구나 쉽게 배울 수 있어서 인기가 많은 것 같습니다. 새로운 것을 배우면 즐겁고 스트레스도 풀리기 때문에 일상생활에도 큰 도움이 된다고 합니다.

⑥ 여: 요즘 컴퓨터나 휴대폰 사용이 늘면서 목이 아파서 병원을 찾는 분들이 많은데요. 건강을 지킬 수 있는 방법이 있으면 소개해 주세요.
남: 네. 우리가 이런 통증을 느끼는 이유는 컴퓨터나 휴대폰을 사용할 때 자세가 좋지 않기 때문입니다. 하지만 아주 간단한 스트레칭만으로도 우리 몸의 통증을 예방할 수 있습니다. 우선 고개를 앞으로 숙였다가 듭니다. 그리고 고개를 뒤로 젖혔다가 다시 듭니다. 마지막으로 목을 천천히 돌려 줍니다. 시간이 날 때마다 이 동작을 반복해 보세요. 꾸준히 하셔야 효과가 있습니다.

[7~8] 다음을 듣고 질문에 답하세요.

여: 요즘도 캠핑 자주 다녀요? 저도 이번 휴가 때 캠핑을 한번 해 볼 생각이에요.
남: 요즘에는 자주 못 갔어요. 정말 바빴거든요. 그래도 시간 날 때마다 가려고 해요.
여: 캠핑을 정말 좋아하나 봐요. 캠핑이 그렇게 좋아요?
남: 네. 저도 캠핑을 이렇게 좋아하게 될 줄 몰랐어요. 자연에서 하룻밤을 보내고 오면 스트레스도 풀리고 기분도 좋아져요. 꼭 한번 해 볼 만해요. 밖에서 직접 요리를 해서 먹는 것도 아주 재미있어요.
여: 벌써 기대가 되네요. 혹시 추천해 줄 만한 괜찮은 캠핑장이 있어요?
남: 노을공원 캠핑장에 한번 가 보세요. 시설도 좋고 주변에 즐길 거리도 많아서 정말 가 볼 만해요.
여: 고마워요. 예약할 수 있는지 한번 알아봐야겠어요.

[9~10] 다음을 듣고 질문에 답하세요.

남: 다음 주가 테오 씨 생일이네요. 그런데 테오 씨가 요즘 많이 힘들어 보여요. 고향이 그리운가 봐요. 우리 테오 씨를 위해서 깜짝 파티를 열어 주는 게 어때요?
여: 그래요? 저는 다음 주가 테오 씨 생일인 줄 몰랐어요. 그럼 우리 어디에서 파티를 할까요?
남: 강남역 근처에 있는 식당은 어때요? 제가 브라질 음식을 파는 가게를 알아요. 고향 음식을 먹으면 테오 씨도 기분이 좋아질 거예요.
여: 그런데 강남역은 너무 붐비지 않아요? 학교 근처 식당에서도 브라질 음식을 파는데 정말 먹을 만해요.
남: 그래요? 그럼 그 식당을 빌려서 큰 파티를 여는 게 어때요? 테오 씨 고향 친구들도 초대하고요.
여: 좋아요. 예약하면 몇 시간 정도 빌릴 수 있다고 들었어요. 그 식당은 창밖으로 공원이 보여서 분위기가 좋아요. 그리고 가게 안에 예쁜 그림이 걸려 있고 테이블마다 꽃도 놓여 있거든요. 그래서 저희가 따로 꾸미지 않아도 될 거예요.
남: 정말 좋네요. 그럼 내일 그 식당에 한번 같이 가 봐요.

복습 3

[1~2] 다음을 듣고 알맞은 것을 고르세요.

❶ 여: 무슨 일 있어?
남: 운동화를 새로 샀거든. 근데 잠깐 신고 걸었는데 발이 아파. 한 번 신고 나가서 교환은 안 될 것 같아. 그래서 버릴까 말까 고민 중이야.
여: 이렇게 멀쩡한데 버린다고? 사진을 찍어서 중고 거래 사이트에 한번 올려 봐.
남: 신던 신발을 사겠다고 하는 사람이 있을까?
여: 물론이지. 사진만 잘 찍어서 올리면 팔 수 있을 거야. 내가 도와줄게. 같이 찍어 보자.

❷ 여: 최근 여름휴가를 떠나는 분들이 많이 계신데요. 이번 달 휴가지에서 일어난 사건 사고 소식을 전해 드립니다. 먼저 여름철에는 강이나 바다에서 물놀이를 하다가 물에 빠지는 사고가 많이 일어나는데요. 물놀이 사고가 전체 사고의 40%나 됩니다. 여름철 물놀이를 하실 때에는 반드시 구명조끼를 입으시고 안전에 주의하셔야겠습니다. 다음으로 등산을 하다가 쓰러지는 사고가 30%로 그 뒤를 이었습니다. 무더운 날씨에 등산을 할 때에는 물을 조금씩 자주 마시는 것이 도움이 된다고 합니다. 마지막으로 고속 도로 교통사고가 20%였습니다. 휴가지로 가는 길에 일어나는 사고가 특히 많았는데요. 과속과 졸음운전 때문에 사고가 자주 일어난다고 합니다. 즐거운 휴가를 보내실 수 있도록 언제 어디서나 항상 안전에 주의하셔야겠습니다.

[3~6] 다음을 듣고 질문에 답하세요.

❸ 여: 안녕하세요? 고객 센터입니다. 무엇을 도와드릴까요?
남: 주문한 물건을 열흘이 넘도록 받지 못했어요. 아까도 확인했는데 계속 배송 중이라고 되어 있더라고요. 배송에 무슨 문제가 생긴 것 같아요.
여: 불편하게 해 드려 정말 죄송합니다. 최근 설 연휴라서 배송이 많이 늦어지고 있습니다. 성함과 전화번호 뒷자리를 알려 주시면 지금 바로 배송 상태를 확인해 드리도록 하겠습니다.

❹ 남: 이 코트 어때? 가격이 좀 비싸서 살까 말까 하다가 너무 마음에 들어서 샀어.
여: 옷이 이렇게 많은데 코트를 또 샀다고? 배낭여행 떠나려면 돈을 아껴야 한다고 하지 않았어?
남: 맞아. 근데 백화점에만 가면 자꾸 필요 없는 물건을 사고 나도 모르게 과소비를 하게 돼.
여: 이 옷장 안을 좀 봐. 비슷한 디자인의 코트가 이렇게 많은데 또 사는 건 낭비 아니야?
남: 정말 그러네. 아무래도 당장 가서 환불해야겠다. 필요 없는 걸 또 살 뻔했네….

❺ 남: 어제 뉴스에서 봤는데 우리나라는 횡단보도에서 일어나는 교통사고가 많은 편이래.
여: 나도 비슷한 기사를 읽은 적이 있어. 횡단보도 사고는 운전자가 신호를 어겨서 나는 경우가 대부분이래.
남: 정말? 앞으로는 길을 건널 때 파란불로 바뀐 후에도 차가 오는지 잘 살펴야겠어.
여: 맞아. 그리고 아이들이 많이 다니는 학교 앞에서 제한 속도를 지키지 않는 차들 때문에 큰 문제라고 들었어.
남: 그렇구나. 나는 학교 근처에서 운전하는 차들이 속도를 더 줄여야 한다고 생각해. 아이들은 갑자기 도로로 뛰어나올 수 있어서 더 위험하거든.

❻ 남: 이번 주에 같이 한강에 소풍 가기로 한 거 잊지 않았지요?
여: 그럼요. 이번 주 주말에 날씨가 좋다고 해서 기대하고 있어요. 한강에 가서 맛있는 것도 먹고 같이 자전거도 타요.
남: 음식은 어떻게 할까요? 근처 식당에서 사 먹을까요? 제가 한강 주변에 맛집이 있는지 한번 알아볼게요.
여: 우리 그러지 말고 한강에서 배달 음식 시켜서 먹는 게 어때요?
남: 한강에서 배달 음식을 시켜 먹을 수 있다고요? 한국 배달 문화는 정말 신기해요.
여: 저도 외국 사람들이 한국의 배달 문화를 신기해한다고 들었어요. 그런데 매튜 씨 고향에서도 음식을 배달시켜서 먹을 수 있다고 들었는데요.
남: 우리 고향에서도 피자를 배달시켜서 먹어요. 그런데 음식 배달이 된다고 해서 한국처럼 어디에서나 음식을 주문할 수 있는 건 아니에요. 그리고 주문할 수 있는 음식 종류도 별로 다양하지 않고요.
여: 그렇군요. 한국에서는 언제 어디에서나 다양한 음식을 주문해서 먹을 수 있어서 정말 편리한 것 같아요.

[7~8] 다음을 듣고 질문에 답하세요.

여: 요즘 날씨가 따뜻해지면서 산을 찾는 등산객이 많아지고 있습니다. 오늘은 관악산에서 근무하시는 강한석 씨를 모시고 말씀 나눠 보도록 하겠습니다. 봄철에 등산을 가기 전에 무엇을 준비해야 할까요?
남: 봄에는 날씨가 자주 바뀌고 일교차가 크기 때문에 입고 벗기 편한 겉옷을 챙기시는 것이 좋겠습니다. 해가 지면 기온이 떨어지기 때문입니다.
여: 그렇군요. 등산을 할 때 주의해야 할 점이 있을까요?
남: 봄에는 눈이 녹아서 미끄러운 곳이 많습니다. 등산을 하다가 미끄러져서 크게 다치는 경우가 있으니 조심하셔야 합니다. 그리고 날씨가 따뜻해지면 등산로에 뱀이 자주 나옵니다.
여: 네? 등산로에 뱀이 나온다고요? 믿어지지 않는데요.
남: 네. 봄철에 등산을 가시는 분들은 뱀에 물리지 않도록 조심하셔야 합니다. 사고는 언제나 일어날 수 있으니까요.
여: 마지막으로 더 해 주실 말씀이 있으십니까?
남: 산을 오르기 전에 준비 운동을 하지 않아서 다치시는 분들이 많습니다. 등산을 하기 전에 가볍게 스트레칭을 하시면 도움이 될 겁니다.

[9~10] 다음을 듣고 질문에 답하세요.

여: 안녕하세요? 주말에 뜨개질 수업을 신청하신 분들이 점점 많아지고 있는 것 같네요. 오늘은 함께 뜨개질로 수세미를 만들어 보겠습니다. 먼저 앞에 준비된 실을 한번 만져 보시겠어요?
남: 실이 조금 거친 편인 것 같아요.
여: 맞아요. 수세미를 만들 때는 거품이 잘 나도록 하기 위해 이렇게 약간 두껍고 거친 실을 사용합니다. 그래야 깨끗하게 설거지를 할 수 있거든요.
남: 지난주에 컵 받침을 만들 때 쓰던 실을 다시 사용해도 되나요?
여: 컵 받침을 만들 때 쓴 실은 너무 얇고 매끄러워서 수세미 만들기에 적당하지 않아요. 실이 얇으면 거품이 잘 안 생기거든요. 그리고 수세미도 컵 받침처럼 동그라미, 네모, 꽃, 과일 등 여러 가지 모양으로 만들 수 있어요. 여기에서 만들고 싶은 모양을 골라 보세요.
남: 저는 손재주가 없는 편인데 이 딸기 모양을 만들 수 있을까요?
여: 그럼요. 네모 모양이 가장 쉽지만 딸기 모양도 어렵지 않아요.
남: 그리고 이 요리책만 한 큰 수세미를 만들고 싶은데요. 집에서 쓰던 수세미가 손바닥만 해서 그동안 설거지할 때마다 불편했거든요.
여: 수세미는 원하는 크기로 만드실 수 있어요. 자, 그럼 시작해 볼까요?

모범 답안

1. 새로운 출발

1-1. 시작과 만남

어휘 p. 14

1. 2) 떨려서 3) 자신이 없어요
   4) 낯설지만 5) 만족해요
   6) 인상적이었어요

2. 1) 적응하지 2) 정이 들었어요
   3) 서툴러서 4) 잊지 못할 거예요

문법과 표현 ❶ 동-는다고 하다, 형-다고 하다, 명이라고 하다 p. 16

1. 2) 피터 씨가 건강을 위해서 운동해야 된다고 했어요
   3) 유진 씨가 매운 음식을 좋아하지 않는다고 했어요
   4) 링링 씨가 한국어 공부가 재미있지만 어렵다고 했어요
   5) 히엔 씨가 학교에서 집까지 멀지 않다고 했어요
   6) 제임스 씨가 제주도로 여행을 가고 싶다고 했어요
   7) 진아 씨가 자기는 서울대학교 학생이라고 했어요
   8) 토니 씨가 친구에게 줄 선물을 샀다고 했어요
   9) 미카 씨가 다음 학기에 고향에 돌아갈 거라고 했어요

2. 1) 한국어 말하기에 자신이 있다고 했어요
   2) 점심을 먹고 와서 배가 부르다고 했어요
   3) 내일 아르바이트 면접이 있는데 너무 떨린다고 했어요
   4) 부산으로 여행을 가고 싶다고 했어요
   5) 자기 아버지는 한국 사람이라고 했어요
   6) 길이 막혀서 10분쯤 늦을 거라고 했어요

3. 1) 아르바이트 때문에 이번 주 동아리 모임에 못 나간다고 했어요
   2) 내일이 개강인데 학교 갈 생각을 하니까 너무 설렌다고 했어요
   3) 저 사람은 우리 과 선배가 아니라고 했어요
   4) 얼마 전에 남자 친구와 헤어졌다고 했어요

문법과 표현 ❷ 동-는다고 들었다, 형-다고 들었다, 명이라고 들었다 p. 18

1. 2) 고기를 못 먹는다고 들었어요
   3) 그 영화가 재미있다고 들었어요
   4) 그 수업이 인기가 많다고 들었어요
   5) 다음 주 수요일이라고 들었어요
   6) 시험을 망쳤다고 들었어요

2. 2) 7시에 문을 연다고 들었어요
   3) 동아리 사람들이 친절하다고 말했어요
   4) 이번 주말에 출국한다고 그랬어요
   5) 다음 주라고 그랬어요
   6) 병원에 입원했다고 들었어요

1-2. 학교생활

어휘 p. 20

1. 1) 입학식 2) 신입생 환영회
   3) 동아리 설명회 4) 졸업식

2. 1) 발급받을 2) 전공하고
   3) 참가해 4) 강의를 들으면
   5) 참석해야 해 6) 지원할 거야
   7) 가입할래요

문법과 표현 ❸ 동-어 보니(까) p. 22

1. 2) 만나 보니까 3) 참석해 보니까
   4) 먹어 보니까 5) 읽어 보니까

2.
1) 개강 모임에 참석하다	선배들과 친해질 수 있어서 좋다
2) 한국어 수업을 듣다	너무 떨렸지만 상을 받아서 기쁘다
3) 말하기 대회에 참가하다	쉽고 재미있다
4) 불고기를 만들다	생각보다 만들기 쉬워서 놀라다

   2) 한국어 수업을 들어 보니까 쉽고 재미있었어요
   3) 말하기 대회에 참가해 보니까 너무 떨렸지만 상을 받아서 기뻤어요
   4) 불고기를 만들어 보니까 생각보다 만들기 쉬워서 놀랐어요

문법과 표현 ❹ 동-어야겠다 p. 24

1. 2) 봐야겠어요
   3) 물을 더 넣어야겠어요
   4) 열심히 공부해야겠어요
   5) 들어 봐야겠어요
   6) 먹어 봐야겠어요
   7) 나가지 말아야겠어요

2. 2) 먹어야겠다
   3) 사야겠다
   4) 준비해야겠다

3. 2) 자야겠어요
   3) 일어나야겠어요
   4) 병원에 가야겠어요

2. 날씨와 여행

2-1. 날씨 정보

어휘 p. 28

1.
   1) 소나기 — 내리다
   2) 태풍 — 올라오다
   3) 천둥 — 치다
   4) 안개 — 끼다
   5) 날씨 — 개다
   6) 눈 — 그치다

   2) 태풍이 올라오고 3) 천둥이 쳐서
   4) 안개가 껴서 5) 날씨가 갤 거예요
   6) 눈이 그치면

2. 1) 최저 기온은 2) 영하
   3) 최고 기온은 4) 영상

3. 1) 쓰러지고 2) 떨어질
   3) 부서지거나 4) 무너지기

문법과 표현 ❶ 동-는대(요), 형-대(요), 명이래(요) p. 30

1. 2) 눈이 많이 내린대
   3) 요즘 회사에 일이 많대요
   4) 데이트를 하는 날이래요
   5) 얼마 전에 태풍이 왔을 때 무너졌대요
   6) 감기에 걸려서 많이 아팠대요
   7) 다음 주쯤 장마가 끝날 거래요

2. 2) 학생회관에서 한대요
   3) 도서관에 다녀오겠대요
   4) 강아지와 대화하는 로봇이 개발됐대요

문법과 표현 ❷ 동형-을 텐데, 명일 텐데 p. 32

1. 2) 공연이 곧 시작될 텐데
   3) 월요일에는 미술관이 문을 닫을 텐데
   4) 수학을 전공해서 잘 알 텐데
   5) 다리가 많이 아플 텐데
   6) 날씨가 추울 텐데
   7) 새벽일 텐데
   8) 친구들은 다 도착했을 텐데

2. 2) 지루할 텐데요
   3) 좀 매울 텐데요
   4) 문을 닫았을 텐데요

3. 2) 파티에 가면 좋을 텐데요
   3) 같이 여행을 가면 좋을 텐데
   4) 같이 영화를 보면 좋을 텐데

2-2. 휴가 계획

어휘 p. 34

1. 1) 해외여행 2) 국내 여행
   3) 패키지여행 4) 자유 여행

2.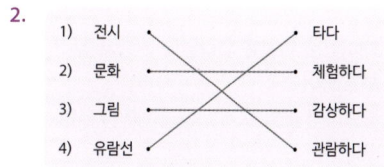
   1) 전시 — 관람하다
   2) 문화 — 체험하다
   3) 그림 — 감상하다
   4) 유람선 — 타다

   1) 전시를 관람할 2) 문화를 체험하는
   3) 그림을 감상할 4) 유람선을 타

3.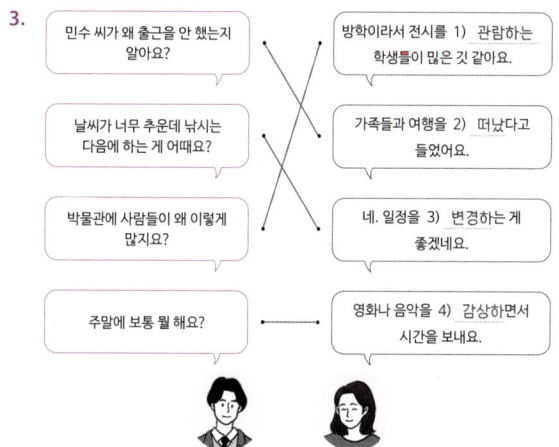

문법과 표현 ❸ 명으로 유명하다, 동형-기로 유명하다 p. 36

1. 2) 불국사로 유명해요
   3) 귤로 유명해요
   4) 대나무로 유명해요
   5) 비빔밥으로 유명해요
   6) 서핑으로 유명해요
   7) 사과로 유명해요

2. 2) 글을 잘 쓰기로 유명하니까
   3) 불고기를 잘 만들기로 유명해요
   4) 케이크가 맛있기로 유명해요
   5) 미술관이 많기로 유명하니까

문법과 표현 ❹ 동-자고 하다   p. 38

1. 2) 토요일에 만나자고 했어요
   3) 같이 점심을 먹자고 했어요
   4) 파티 준비를 같이 하자고 해서
   5) 할아버지 생신이니까 할아버지 댁에 가자고 하셔서
   6) 다음 주에 반 친구들하고 모임을 하자고 해서
   7) 주말에 제주도로 여행을 가자고 해서

2. 1) 자밀라 씨가 비가 많이 내려서 지금 바다에 가면 위험할 것 같다고 해서 근처에 있는 식당에서 회를 먹자고 했어요
   2) 하이 씨가 지금 눈이 많이 온다고 해서 눈이 그치면 만나자고 했어요
   3) 소날 씨가 자기는 재미있는 영화를 좋아한다고 해서 같이 코미디 영화를 보러 가자고 했어요
   4) 민우 씨가 날씨가 좋으니까 꽃을 보러 가자고 해서 기차를 타고 진해로 가자고 했어요

3. 인터넷 콘텐츠

3-1. 재미있는 콘텐츠

어휘   p. 42

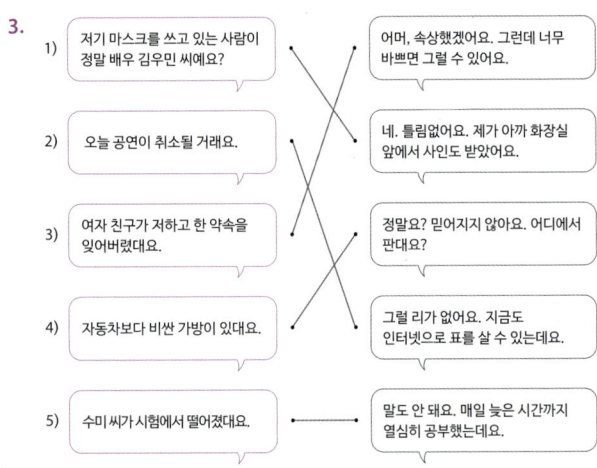

2. 2) 화제가 되고   3) 즐겨 본다고
   4) 시청률이 낮기   5) 방송된다

문법과 표현 ❶ 동-자마자   p. 44

1. 2) 도착하자마자   3) 방학하자마자   4) 들어오자마자
   5) 퇴근하자마자   6) 눕자마자   7) 먹자마자
   8) 굽자마자

2. 2) 전화를 받자마자 밖으로 나갔다
   3) 버스에 타자마자 비가 내렸다
   4) 나가자마자 아이가 울었다

문법과 표현 ❷ 동-으라고 하다, 동-지 말라고 하다   p. 46

1. 2) 새로 시작한 드라마의 영상이 멋지니까 한번 보라고 했어요
   3) 집에 도착하면 전화하라고 했어요
   4) 날씨가 추우니까 따뜻하게 입으라고 했어요
   5) 아이스크림을 먹지 말라고 했어요

2. 1) 민수 씨에게 커피를 가져다주라고 했어요
   2) 너무 더우니까 창문을 좀 열어 달라고 했어요
   3) 저녁 준비 좀 해 달라고 했어요
   4) 알리 씨에게 숙제를 알려 주라고 하셨어요
   5) 후앙 씨 전화번호를 가르쳐 달라고 했어요
   6) 일찍 가서 켈리 씨의 일을 좀 도와주라고 했어요

3-2. 흥미로운 뉴스

어휘   p. 48

1. 2) 라디오에 나왔다   3) 신문에 실렸다   4) 뉴스에 나왔다

2. 2) 놀랐어요   3) 흥미를 느꼈어요   4) 감동을 받았어요

3. 1) 저기 마스크를 쓰고 있는 사람이 정말 배우 김우민 씨예요? — 어머, 속상했겠어요. 그런데 너무 바쁘면 그럴 수 있어요.
   2) 오늘 공연이 취소될 거래요. — 네, 틀림없어요. 제가 아까 화장실 앞에서 사인도 받았어요.
   3) 여자 친구가 저하고 한 약속을 잊어버렸대요. — 정말요? 믿어지지 않아요. 어디에서 판대요?
   4) 자동차보다 비싼 가방이 있대요. — 그럴 리가 없어요. 지금도 인터넷으로 표를 살 수 있는데요.
   5) 수미 씨가 시험에서 떨어졌대요. — 말도 안 돼요. 매일 늦은 시간까지 열심히 공부했는데요.

문법과 표현 ❸ 동-느냐고 하다/묻다, 형-으냐고 하다/묻다,
                  명이냐고 하다/묻다   p. 50

1. 2) 나나 씨가 왜 한국어를 배우느냐고 했어요
   3) 소라 씨가 학교에 갈 때 교복을 입느냐고 했어요
   4) 자잉 씨가 오늘 여기 날씨는 좋으냐고 했어요
   5) 프엉 씨가 무슨 음식을 먹고 싶으냐고 했어요
   6) 미셸 씨가 그 영화는 재미있느냐고 했어요
   7) 알렉스 씨가 저 사람은 배우냐고 했어요
   8) 제레미 씨가 수지 씨는 서울대학교 학생이냐고 했어요
   9) 샤오밍 씨가 주말에 누구를 만났느냐고 했어요
   10) 아키라 씨가 방학에 어디에 갈 거냐고 했어요

2. 2) 왜 이 회사에 지원했느냐고 물어봐요
   3) 어느 나라 사람이냐고 물어봐요
   4) 어떻게 지내느냐고 물어봐요
   5) 취미가 뭐냐고 물어보고 싶어요

3. 2) 친구가 여기도 비가 오느냐고 해서 여기는 맑다고 했어요
   3) 친구가 책을 잃어버렸는데 어떻게 해야 되느냐고 해서 분실물 센터에 가 보라고 했어요
   4) 친구가 뭘 먹고 싶으냐고 해서 불고기를 먹고 싶다고 했어요
   5) 친구가 한국 음식을 처음 먹어 보니까 어떠냐고 해서 너무 맛있다고 했어요
   6) 친구가 주말에 가고 싶은 곳이 있느냐고 해서 부산에 가자고 했어요
   7) 친구가 새로 시작하는 드라마 이름이 뭐냐고 해서 나도 잘 모르겠다고 했어요
   8) 친구가 어제 본 영화는 재미있었느냐고 해서 생각보다 재미있어서 놀랐다고 했어요

문법과 표현 ④ 동형 -을까 봐(서) p. 52

1.
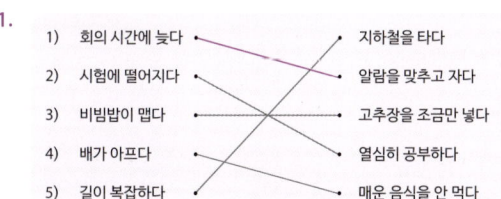

   2) 시험에 떨어질까 봐 열심히 공부했어요
   3) 비빔밥이 매울까 봐 고추장을 조금만 넣었어요
   4) 배가 아플까 봐 매운 음식을 안 먹었어요
   5) 길이 복잡할까 봐 지하철을 탔어요

2. 2) 잘까 봐 커피를 마셔요
   3) 추울까 봐 옷을 많이 입었어요
   4) 늦을까 봐 뛰어왔어요

3. 2) 도착할까 봐
   3) 걱정하실까 봐
   4) 감기에 걸릴까 봐
   5) 잊어버릴까 봐

복습 1

말하기 p. 57

5. 예
   1) 부산에 가 보니까 경치도 아름답고 음식도 맛있었어요.
   2) 약속 시간에 늦을까 봐서요.
   3) 맑을 거라고 해요.
   4) 한국 사람들이 매운 음식을 많이 먹는다고 들었어요.
   5) 저도 꼭 가 봐야겠어요.
   6) 이번 주말에 친한 친구가 고향에서 결혼한대요.
   7) 한국에 온 지 얼마나 됐느냐고 물어봐요.
   8) 수업이 끝나자마자 영화를 보러 갈 거예요.
   9) 친구들이 부산으로 여행을 가자고 했어요.
   10) 시험공부를 열심히 하라고 하셨어요.

듣기 p. 58

1. ②　2. ①　3. ②　4. ③　5. ③
6. ④　7. ④　8. ②　9. ④　10. ②

읽기 p. 60

1. ①　2. ③　3. ②　4. ②　5. ②
6. ③　7. ②　8. ④　9. ④

쓰기 p. 64

1. 1) 껐다고　　　2) 정이 들었는데
   3) 쓰러진　　　4) 개었네요
   5) 참석해야　　6) 떨려서

2.
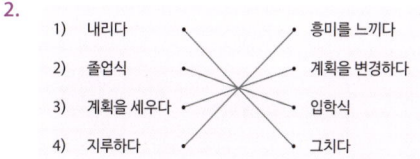

   1) 내리다가, 그쳤다
   2) 졸업식이, 입학식이
   3) 계획을 세웠지만, 계획을 변경했다
   4) 지루하다고, 흥미를 느끼는

3. 1) 비가 올까 봐서 우산을 가지고 왔어요.
   2) 지은 씨한테 같이 공연을 보러 가자고 할게요.
   3) 제주도는 바다가 아름답기로 유명하니까 바다에 가 보세요.
   4) 열심히 공부해야겠어요.
   5) 내일 비가 와서 추울 텐데 수영은 다음에 해요.
   6) 선배한테 언제 가느냐고 물어볼게요.
   7) 공부해 보니까 생각보다 재미있어요.

4. 1) 떡볶이를 먹어 봤으니까 맵지 않고 맛있었어요. ➡ 먹어 보니까
   2) 수업 시간에 졸 텐데 커피를 마셨어요. ➡ 졸까 봐서
   3) 후배한테 신입생 환영회에 꼭 참석할 거예요. ➡ 참석하라고 했어요

4. 약속과 만남

4-1. 약속

어휘 p. 70

1. 2) 가득하네요 3) 붐볐는데
   4) 텅 비어서

2. 2) 텅 비었어요 3) 가득했는데
   4) 한산하겠지요

3. 2) 연기됐으니까 3) 취소됐다고
   4) 잡으면

4. 1) 지키지 2) 정한 3) 어긴

문법과 표현 ❶ 아무 명도 p. 72

1. 2) 아무 소리도 3) 아무 일도
   4) 아무 데도

2. 1) 아무도 2) 아무 데도
   3) 아무 약속도 4) 아무것도

3. 1) 아무하고도 2) 아무 데서도
   3) 아무한테도

문법과 표현 ❷ 명이나 p. 74

1. 2) 영화나 볼까 3) 밥이나 먹을까요
   4) 케이크나 사 갈까요 5) 게임이나 할까요

2. 2) 문자나 보내려고 해
   3) 텔레비전이나 보려고 해요
   4) 샌드위치나 먹으려고 해요
   5) 춘천이나 가려고 해

4-2. 모임 장소

어휘 p. 76

1. 2) 다양해서 3) 입에 맞아서 4) 신선한

2. 1) 편안한 2) 깔끔한 3) 훌륭해요

3. 2) 저렴해서 3) 입에 맞아서
   4) 특이해서요 5) 다양해서

6) 평범하지만 7) 깔끔하네요
8) 훌륭한

문법과 표현 ❸ 피동(-이/히/리/기-) p. 78

1. 1) 보다 ➡ 보이다 2) 풀다 ➡ 풀리다
   3) 팔다 ➡ 팔리다 4) 막다 ➡ 막히다
   5) 잠그다 ➡ 잠기다 6) 열다 ➡ 열리다
   7) 끊다 ➡ 끊기다 8) 안다 ➡ 안기다
   9) 잡다 ➡ 잡히다 10) 듣다 ➡ 들리다
   11) 닫다 ➡ 닫히다 12) 쓰다 ➡ 쓰이다
   13) 읽다 ➡ 읽히다 14) 쫓다 ➡ 쫓기다
   15) 바꾸다 ➡ 바뀌다 16) 걸다 ➡ 걸리다
   17) 놓다 ➡ 놓이다 18) 담다 ➡ 담기다

2. 2) 보이는 3) 들렸어요
   4) 끊기네요 5) 풀려요

3. 2) 쫓기고 3) 팔렸어요
   4) 들려요

4. 2) 닫혀 3) 쓰여 4) 놓여
   5) 안겨 6) 걸려

5. 2) 바뀌었어요 3) 끊기네요
   4) 잡혔으면

6. 2) (닫았다 / 닫혔다)
   3) (열어 / 열려)
   4) (끊자마자 / 끊기자마자)
   5) (보지 / 보이지)
   6) (놓아 / 놓여)
   7) (잡지 / 잡히지)
   8) (바꿨지만 / 바뀌었지만)
   9) (잡았으면 / 잡혔으면)

5. 음식과 조리법

5-1. 좋아하는 음식

어휘 p. 84

1. 1) 고소한 2) 매콤한
   3) 느끼한 4) 싱겁게

2. 2) 쫄깃하고 3) 질기네요
   4) 바삭하게 5) 연하고
   6) 촉촉하네요

문법과 표현 ❶ 누구나, 언제나, 어디나, 무엇이나 p. 86

1. 1) 언제나 2) 누구나
   3) 어디나 4) 무엇이나

2. 2) 저는 무슨 운동이나 다 잘해요
   3) 어떤 영화나 다 좋아해요
   4) 어느 나라나 다 좋아요

3. 1) 누구한테나 잘 어울려요
   2) 어디에서나 살 수 있어요
   3) 누구하고나 친해요

문법과 표현 ❷ 동형-을 줄 모르다 p. 88

1. 2) 비가 이렇게 많이 올 줄 몰랐어요
   3) 노래가 그렇게 좋을 줄 몰랐어요
   4) 김주빈 씨가 이렇게 맛있을 줄 몰랐어요
   5) 김치가 그렇게 매울 줄 몰랐어요
   6) 선생님이신 줄 몰랐어요

2. 2) 비가 올 줄 모르고 3) 수업할 줄 모르고
   4) 추울 줄 모르고 5) 막힐 줄 모르고

5-2. 조리법

어휘 p. 90

1.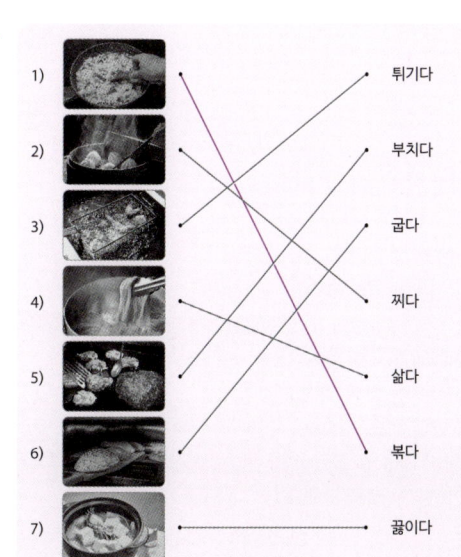

2. 2) 쪄서 3) 튀긴
   4) 삶으면 5) 부치는
   6) 굽는 7) 끓여 주신

2. 2) 다듬어 3) 다진
   4) 저어서 5) 섞으세요

문법과 표현 ❸ 동형-어야, 명이어야 p. 92

1. 2) 불고기 양념에 과일을 넣어야 고기가 연해져요
   3) 상품을 받은 후 7일 이내에 신청해야 환불을 받을 수 있어요
   4) 예약을 해야 병원에 갈 수 있어요
   5) 수영 모자를 꼭 써야 수영장에 들어갈 수 있어요

2. 2) 성인이어야 이 영화를 볼 수 있어요
   3) 동네 주민이어야 책을 빌릴 수 있어요
   4) 130cm 이하여야 이 놀이 기구를 탈 수 있어요
   5) 외국인이어야 이 대회에 참가할 수 있어요

3. 1) 들어야 2) 들어가야
   3) 신경을 써야 4) 입어야

문법과 표현 ❹ 동형-거든(요), 명이거든(요) p. 94

1. 2) 가거든요 3) 못 먹거든요
   4) 많거든요 5) 취직하고 싶거든요
   6) 휴가거든요 7) 졸업식이거든요
   8) 못 잤거든요 9) 한국에서 살았거든요

2. 2) 막히거든요 3) 가야 하거든
   4) 방학이거든요 5) 걸렸거든요

6. 여가 생활

6-1. 함께 하는 운동

어휘 p. 98

1. 2) 벌려서 3) 들어
   4) 대고 5) 펴고
   6) 굽히고 7) 뻗으면
   8) 젖히는 9) 모으고

문법과 표현 ❶ 동-나 보다, 형-은가 보다, 명인가 보다 p. 100

1. 2) 읽나 봐요 3) 만드나 봐요
   4) 아픈가 봐요 5) 더운가 봐요
   6) 재미없나 봐요 7) 가수인가 봐요
   8) 시험 기간인가 봐요

2. 2) 소나기가 내렸나 봐요   3) 시험을 못 봤나 봐요
   4) 많이 아팠나 봐요   5) 어제 잠을 못 잤나 봐요

3. 1) 연주하는   2) 불어서
   3) 누르면   4) 튕겨서

문법과 표현 ② 동-었다가   p. 102

1.
   1) 학교에 가다 — 집에 오다
   2) 불을 끄다 — 켜다
   3) 버스를 타다 — 내리다
   4) 편지를 쓰다 — 찢다
   5) 식당을 예약하다 — 취소하다

   2) 불을 껐다가 켰어요
   3) 버스를 탔다가 내렸어요
   4) 편지를 썼다가 찢었어요
   5) 식당을 예약했다가 취소했어요

2. 2) 옷을 샀다가 마음에 안 들어서 교환했어요
   3) 나갔다가 지갑이 없어서 다시 집에 돌아왔어요
   4) 텔레비전을 켰다가 프로그램이 재미없어서 껐어요
   5) 구두를 신었다가 불편해서 운동화로 갈아 신었어요

3. 2) (하다가/ 했다가)
   3) (가다가 /갔다가)
   4) (내려가다가/ 내려갔다가)
   5) (입다가 /입었다가)
   6) (먹다가/ 먹었다가)
   7) (앉다가 /앉았다가)
   8) (배우다가/ 배웠다가)
   9) (빌리다가 /빌렸다가)
   10) (사다가 /샀다가)

문법과 표현 ③ 동-을 생각/계획/예정이다   p. 106

1. 2) 기타 수업을 들을 예정이다
   3) 청소할 생각이다
   4) 쇼핑할 생각이다
   5) 여행을 갈 계획이다

2. 2) 나올 예정이에요
   3) 도착할 예정입니다
   4) 결혼할 예정이에요

3. 1) 배울 계획이다   2) 취직할 생각이다
   3) 결혼할 계획이다   4) 살 생각이다
   5) 돌아갈 계획이다   6) 떠날 생각이다
   7) 지을 생각이다

문법과 표현 ④ 동-을 만하다   p. 108

1. 2) 다닐 만해요   3) 배울 만해요
   4) 참을 만했어요   5) 살 만해요

2. 2) 경복궁이 구경할 만해요
   3) 박정현 작가의 '여행'이 읽을 만해요
   4) 가수 리나의 '빗소리'가 들을 만해요
   5) 불고기가 먹을 만해요

3. 2) 들어 볼 만하다   3) 먹을 만하다
   4) 가 볼 만하다

6-2. 색다른 취미

어휘   p. 104

1.
   1) 하이 씨는 7살 때 수영 대회에서 1등을 했다고 해요. — 어려서부터 재능이 있었네요.
   2) 이거 받으세요. 제가 직접 나무를 깎아서 만든 숟가락이에요. — 우와! 손재주가 있으시네요.
   3) 제 동생이 그린 그림이에요. 정말 잘 그렸죠? — 그림 솜씨가 정말 뛰어난 것 같아요.

2. 1) 공예를 배우고   2) 바느질해
   3) 색칠해   4) 나무를 깎아서

복습 2

말하기   p. 113

6. 예
   1) 저는 무슨 음식이나 다 좋아해요.
   2) 부모님이 한국에 오시거든요.
   3) 옷걸이에 걸려 있어요.
   4) 회사에 취직할 계획이에요.
   5) 창문을 열었다가 바람이 심하게 불어서 닫았어요.
   6) 빨리 예매해야 표를 살 수 있을 거예요.
   7) 네, 일요일에는 아무 약속도 없어요.
   8) 사고가 났나 봐요.
   9) 네, 이렇게 매울 줄 몰랐어요.
   10) 조금 어렵지만 배울 만해요.

듣기
p. 114

1. ②   2. ②   3. ③   4. ①   5. ③
6. ④   7. ②   8. ①   9. ③   10. ②

읽기
p. 116

1. ②   2. ②   3. ④   4. ①   5. ③
6. ①   7. ①   8. ②   9. ④

쓰기
p. 120

1. 1) 붐벼요   2) 줄을 튕겨서
   3) 젖히는   4) 끓여서
   5) 한산하고   6) 구우시나

2. 1) 심 심 하 다
   가) 심심하네요
   나) 심심했어요

   2) 잡 다
   가) 잡았어요
   나) 잡았어요

   3) 들 다
   가) 들어요
   나) 들고

3. 1) 어제 잠을 잘 못 잤거든요.
   2) 식당에 가서 점심을 먹을 생각이에요.
   3) 우리 학교 학생이어야 들어갈 수 있어요.
   4) 불고기가 먹을 만해요.
   5) 아무 말도 안 했어요.
   6) 껐다가 다시 켜 보세요.
   7) 세일 기간인가 봐요.

4. 1) 수박이 다 팔았어요. → 팔렸어요
   2) 서울이 이렇게 아름다울 줄 몰라요. → 몰랐어요
   3) 코트를 사다가 마음에 안 들어서 반품했어요. → 샀다가

7. 소비와 절약

7-1. 소비 성향

어휘   p. 126

1. 2) 지출이   3) 늘어서   4) 낭비하지
   5) 줄었습니다   6) 과소비하지   7) 아낄
   8) 저축해도

3. 2) 충분할 거예요   3) 남았어요
   4) 적당하다고   5) 부족해서

문법과 표현 ❶   동-는 편이다, 형-은 편이다   p. 128

1. 2) 저는 드라마를 안 보는 편이에요
   3) 저는 옷을 잘 입는 편이에요
   4) 저는 요즘 일이 없어서 한가한 편이에요
   5) 저는 한국 친구가 많은 편이에요

2. 2) 안 하는 편이에요
   3) 만들어 먹는 편이에요
   4) 저렴한 편이에요
   5) 조용한 편인데
   6) 아침잠이 많은 편이라서

문법과 표현 ❷   동-을까 말까 (하다)   p. 130

1. 2) 차를 바꿀까 말까
   3) 그 회사에서 일할까 말까
   4) 새로 산 원피스를 입을까 말까
   5) 그 사람을 만날까 말까
   6) 고향에 돌아갈까 말까
   7) 대학원에 입학할까 말까

2. 2) 회식에 갈까 말까 하다가
   3) 노트북을 살까 말까 하다가
   4) 케이크를 만들까 말까 하다가 그냥 쉬었어요
   5) 운동할까 말까 하다가 피곤해서 그냥 잤어요

7-2. 중고 거래

어휘   p. 132

1. 2) 새것 같아요   3) 품질이 좋기로
   4) 싫증이 났어요   5) 버리기가 아까운

2. 1) 품질이 좋아서   2) 새것 같습니다
   3) 지겨워져서

3. 2) 결제하시겠습니까   3) 반품해야겠어요
   4) 판매하고   5) 거래해

문법과 표현 ❸   형-어하다   p. 134

1. 2) 기뻐했어요   3) 맛있어했어요
   4) 불편해해요   5) 속상해하지
   6) 먹고 싶어 해서   7) 힘들어해서
   8) 지겨워해요

2. 2) (**아프네요**/ 아파하네요)
   3) (**귀찮아서**/ 귀찮아해서)
   4) (받고 싶어서 /**받고 싶어 해서**)
   5) (예뻐요 /**예뻐해요**)

문법과 표현 ④ 동형-던 p. 136

1. 2) 쓰던   3) 작성하던   4) 먹던   5) 읽던

2. 2) 가던   3) 듣던   4) 살던

3. 2) (**하던**/ 한)
   3) (만나던 /**만난**)
   4) (찍던 /**찍은**)
   5) (**사귀던**/ 사귄)
   6) (**되던**/ 된)
   7) (만들던 /**만든**)

8. 한국 생활

8-1. 문제와 해결

어휘 p. 140

1. 1) 집을 계약한   2) 공과금을 납부하려면
   3) 전기 요금이 포함돼요

2. 2) 물이 새요   3) 소음이 심할
   4) 배송이 안 됐어요   5) 전기가 나가서

3.
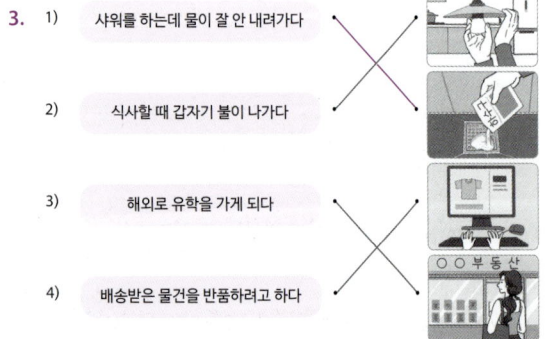

2) 전구를 갈았어요   3) 집을 내놓았어요
4) 글을 올렸어요

문법과 표현 ❶ 동형-더라고(요), 명이더라고(요) p. 142

1. 2) 물이 잘 안 내려가더라고요
   3) 화를 내더라고요
   4) 구경할 게 많더라고
   5) 괜찮더라고
   6) 살 게 없더라고
   7) 발이 아프더라고요
   8) 동생이더라고요

2. 2) 생각보다 어렵더라고요
   3) 경치가 정말 아름답더라고요
   4) 가격도 저렴하고 음식도 맛있더라고요
   5) 좀 어려웠지만 재미있더라고요

문법과 표현 ❷ 동-도록 p. 144

1. 1) 아이들이 편하게 식사하다 — 어린이용 의자를 준비하다
   2) 건강을 지킬 수 있다 — 꾸준히 운동하다
   3) 수업 시간에 늦지 않다 — 일찍 일어나다
   4) 감기에 걸리지 않다 — 손을 자주 씻다
   5) 공책을 잃어버리지 않다 — 이름을 써 두다

   2) 건강을 지킬 수 있도록 꾸준히 운동하고 있어요
   3) 수업 시간에 늦지 않도록 일찍 일어났어요
   4) 감기에 걸리지 않도록 손을 자주 씻으세요
   5) 공책을 잃어버리지 않도록 이름을 써 두었어요

2. 2) 아기가 잘 자도록 조용한 음악을 틀어 주세요
   3) 한국어 발음이 좋아지도록 열심히 연습하세요
   4) 수업 시간에 졸지 않도록 커피를 드세요

3. 2) 세 달이 넘도록 전기 요금을 안 냈네요
   3) 밤새도록 공부했어요
   4) 한 시간이 되도록 안 오네요

8-2. 문화 차이

어휘 p. 146

1. 2) 다퉈요   3) 실망하는
   4) 오해하지   5) 화해하세요

2. 2) 화해하고   3) 사과해
   4) 이해가 될   5) 솔직히 말해야
   6) 오해를 풀

문법과 표현 ❸ 동-을 뻔하다 p. 148

1. 2) 오해할 뻔했어요   3) 후회할 뻔했어요
   4) 늦을 뻔했어요   5) 포기할 뻔했는데
   6) 못 먹을 뻔했는데   7) 잊어버릴 뻔했어요

2. 2) 넘어질 뻔했어요
   3) 못 내릴 뻔했어요
   4) 울 뻔했어요

문법과 표현 ❹ 명이라고 (해서) 다 동-는/형-은/명인 것은 아니다 p. 150

1. 2) 가수라고 해서 다 노래를 잘 부르는 것은 아니에요
   3) 사막이라고 해서 항상 더운 것은 아니에요
   4) 백화점이라고 해서 다 비싼 것은 아니에요
   5) 시골이라고 해서 다 조용한 것은 아니에요
   6) 요리사라고 해서 무슨 음식이나 다 만들 수 있는 것은 아니에요
   7) 우등생이라고 해서 언제나 일등인 것은 아니에요

2. 2) 돈이 많다고 해서 다 걱정이 없는 것은 아니에요
   3) 운동을 열심히 한다고 해서 다 건강해지는 것은 아니에요
   4) 한국에서 오래 살았다고 해서 다 한국말을 잘하는 것은 아니에요
   5) 오랫동안 사귀었다고 해서 다 결혼하는 것은 아니에요

9. 사건과 사고

9-1. 사고와 부상

어휘 p. 154

1. 1)
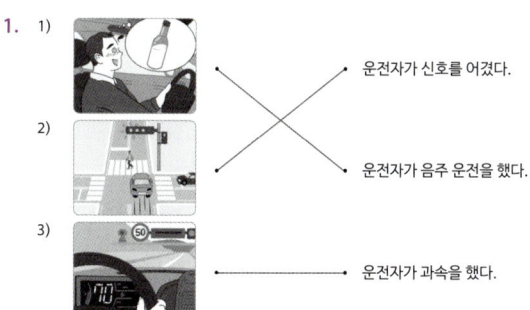

2. 2) 갇히거나   3) 물리는   4) 끼이는

3. 2) 찢어졌어요   3) 꿰맸는데   4) 베어서
   5) 부러져서   6) 깁스를 해야

문법과 표현 ❶ 동-는다고(요), 형-다고(요), 명이라고(요) p. 156

1. 2) 김치를 못 먹는다고요
   3) 커피가 뜨겁다고요
   4) 휴강이라고요
   5) 뱀에게 물렸다고요
   6) 내일 여행을 갈 거라고요

2. 2) 해운대는 경치가 정말 아름답다고요
   3) 밖에 비가 온다고요
   4) 여행 준비를 다 끝냈다고요
   5) 이 식당 음식은 다 맛있다고요
   6) 이번 주말에 집들이를 할 거라고요

3. 2) 몇 시에 약속이 있다고요, 4시에 약속이 있다고요
   3) 뭘 보러 갈 거냐고요, 불꽃 축제를 보러 갈 거냐고요
   4) 누구하고 밥 먹자고요, 아야나 씨하고 같이 밥 먹자고요
   5) 뭘 빌려 달라고요, 지우개 좀 빌려 달라고요

문법과 표현 ❷ 동-다(가) p. 158

1.
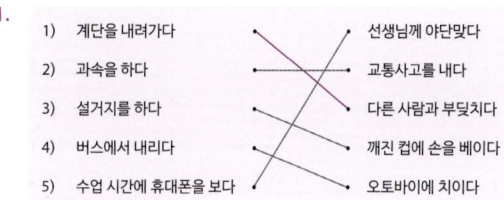

   2) 과속을 하다가 교통사고를 냈어요
   3) 설거지를 하다가 깨진 컵에 손을 베였어요
   4) 버스에서 내리다가 오토바이에 치였어요
   5) 수업 시간에 휴대폰을 보다가 선생님께 야단맞았어요

2. 2) 수영하다가 다리에 쥐가 나서 물에 빠졌어요
   3) 청소하다가 선반에 부딪혀서 이마가 찢어졌어요
   4) 지하철에서 졸다가 내릴 역을 놓쳐서 늦었어요

3. 2) 내려가다가   3) 이야기하다가   4) 졸다가

9-2. 분실

어휘 p. 160

1. 2) 돌려줬어   3) 분실한
   4) 보관하고   5) 신고하세요

2. 1) 마름모   2) 네모   3) 동그라미   4) 세모

3. 2) 평평해요   3) 뾰족해서
   4) 매끄러워진대요   5) 울퉁불퉁한
   6) 둥근   7) 딱딱해서

문법과 표현 ❸ 명만 하다 p. 162

1. 2) 휴대폰만 해요   3) 노트북만 해요
   4) 명함만 해요   5) 농구공만 했어요

2. 2) 수첩만 한   3) 사람만 한
   4) 오렌지만 한

3. 2) 쥐꼬리만 한   3) 운동장만 해서
   4) 모깃소리만 한   5) 대문짝만하게

문법과 표현 ❹ 동-어지다   p. 164

1. 1) 고치다 ➡ 고쳐지다   2) 굽다 ➡ 구워지다
   3) 깨다 ➡ 깨지다   4) 끊다 ➡ 끊어지다
   5) 만들다 ➡ 만들어지다   6) 믿다 ➡ 믿어지다
   7) 버리다 ➡ 버려지다   8) 쓰다 ➡ 써지다
   9) 외우다 ➡ 외워지다   10) 정하다 ➡ 정해지다
   11) 지우다 ➡ 지워지다   12) 지키다 ➡ 지켜지다
   13) 짓다 ➡ 지어지다   14) 켜다 ➡ 켜지다

2. 2) 만들어졌어요   3) 켜져
   4) 정해졌어요   5) 지어졌대요

3. 2) (지키는 / 지켜지는)
   3) (끊었다 / 끊어졌다)
   4) (구운 / 구워진)
   5) (버리지 / 버려지지)
   6) (지웠어요 / 지워졌어요)
   7) (믿을 수 없다 / 믿어지지 않는다)

4. 2) 만들어진   3) 지워지지
   4) 알려진

복습 3

말하기   p. 169

5. 예
   1) 친구가 추워해서요.
   2) 과속하다가 사고가 났어요.
   3) 아니요. 언니가 쓰던 노트북이에요.
   4) 영화를 보러 갈까 말까 고민 중이야.
   5) 아니요. 한국 사람이라고 해서 다 매운 음식을 잘 먹는 것은 아니에요.
   6) 네? 병원에 입원했다고요?
   7) 한국어를 잘할 수 있도록 매일 연습하세요.
   8) 그 개가 사람만 해요.
   9) 네. 100년 전에 지어진 건물이에요.
   10) 네. 저는 늦게 자는 편이에요.

듣기   p. 170

1. ①   2. ②   3. ②   4. ④   5. ③
6. ①   7. ①, ④   8. ③   9. ③   10. ②

읽기   p. 172

1. ③   2. ①   3. ③   4. ③   5. ③
6. ①   7. ④   8. ①   9. ①

쓰기   p. 176

1. 1) 아끼려면   2) 모자랄까
   3) 멀쩡해서   4) 세면대가 막힌
   5) 착각해서   6) 보관하면

2. 1) 아 끼 다   2) 둥 글 다
   가) 아끼기   가) 둥근
   나) 아끼는   나) 둥근

   3) 거 칠 다
   가) 거칠어진
   나) 거칠어졌어요

3. 1) 자주 마시는 편이에요.
   2) 여행을 갈까 말까 하고 있어요.
   3) 누나가 타던 자전거예요.
   4) 과장님이 쓰러지셨다고요?
   5) 일찍 일어날 수 있도록 알람을 여러 개 맞추세요.
   6) 네가 이야기해 주지 않았으면 못 갈 뻔했네.
   7) 휴대폰만 해요.

4. 1) 저희 어머니께서 강아지를 무서워서 강아지를 키울 수 없어요.
      ➡ 무서워하셔서
   2) 어젯밤에 바람이 심하게 불어서 유리창이 깼어요. ➡ 깨졌어요
   3) 한국 사람이라고 다 김치를 잘 먹은 것은 아니에요. ➡ 먹는

집필진 Authors

장소원 Chang Sowon	서울대학교 국어국문학과 교수 Seoul National University Professor at the Department of Korean Language & Literature
	파리 5대학교 언어학 박사 Ph.D. in Linguistics, University of Paris 5
김정현 Kim Junghyun	서울대학교 언어교육원 대우전임강사 Seoul National University LEI Full-time Instructor
	국립공주대학교 국어교육과 박사 Ph.D. in Korean Language Education, Kongju National University
김민희 Kim Minhui	서울대학교 언어교육원 대우전임강사 Seoul National University LEI Full-time Instructor
	이화여자대학교 한국학 박사(한국어교육) Ph.D. in Korean Studies (Teaching Korean as a Foreign Language), Ewha Womans University
박미래 Park Mirae	서울대학교 언어교육원 대우전임강사 Seoul National University LEI Full-time Instructor
	고려대학교 영어영문학 석사 M.A. in English Language and Literature, Korea University

번역 Translator

이수잔소명 Lee Susan Somyung	통번역가 Translator & Interpreter
	서울대학교 한국어교육학 석사 M.A. in Korean Language Education as a Foreign Language, Seoul National University

번역 감수 Translation Supervisor

손성옥 Sohn Sung-Ock	UCLA 아시아언어문화학과 교수 UCLA Professor at the Department of Asian Languages & Cultures

감수 Supervisor

안경화 Ahn Kyunghwa	전 서울대학교 언어교육원 대우교수 Former Seoul National University LEI Professor

도와주신 분들 Contributing Staff

디자인 Design	(주)이츠북스 ITSBOOKS
삽화 Illustration	(주)예성크리에이티브 YESUNG Creative
녹음 Recording	미디어리더 Media Leader

서울대 한국어+
Workbook 3A

초판 1쇄 발행 2023년 5월 10일
초판 5쇄 발행 2025년 12월 12일

지은이	서울대학교 언어교육원
펴낸곳	서울대학교출판문화원
주소	08826 서울 관악구 관악로 1
도서주문	02-889-4424, 02-880-7995
홈페이지	www.snupress.com
페이스북	@snupress1947
인스타그램	@snupress
이메일	snubook@snu.ac.kr
출판등록	제15-3호

ISBN 978-89-521-3152-2 04710
　　　 978-89-521-3116-4 (세트)

ⓒ 서울대학교 산학협력단 · 2023

이 책과 음원은 저작권법에 의해서 보호를 받는 저작물이므로
무단 전재와 복제를 금합니다.

Written by Language Education Institute, Seoul National University
Published by Seoul National University Press

Copyright ⓒ Seoul National University R&DB Foundation 2023

All rights reserved. No part of this publication may be reproduced in any form
without the written permission from publisher.